本书受重庆市社会科学规划项目（项目编号：2020YBJJ66）资助

成渝地区
双城经济圈建设中的
公共服务共建共享研究

邓兰燕　贾静涛　李　林○著

西南财经大学出版社
Southwestern University of Finance & Economics Press

中国·成都

图书在版编目(CIP)数据

成渝地区双城经济圈建设中的公共服务共建共享研究/邓兰燕,贾静涛,
李林著.—成都:西南财经大学出版社,2023.9
ISBN 978-7-5504-5884-0

Ⅰ.①成… Ⅱ.①邓…②贾…③李… Ⅲ.①公共服务—资源共享—研究—
成都、重庆 Ⅳ.①D669.3

中国国家版本馆 CIP 数据核字(2023)第 141874 号

成渝地区双城经济圈建设中的公共服务共建共享研究
CHENGYU DIQU SHUANGCHENG JINGJIQUAN JIANSHE ZHONG DE GONGGONG FUWU GONGJIAN GONGXIANG YANJIU
邓兰燕 贾静涛 李 林 著

责任编辑:植　苗
责任校对:廖　韧
封面设计:何东琳设计工作室
责任印制:朱曼丽

出版发行	西南财经大学出版社(四川省成都市光华村街 55 号)
网　　址	http://cbs.swufe.edu.cn
电子邮件	bookcj@ swufe.edu.cn
邮政编码	610074
电　　话	028-87353785
照　　排	四川胜翔数码印务设计有限公司
印　　刷	四川五洲彩印有限责任公司
成品尺寸	170mm×240mm
印　　张	14.25
字　　数	310 千字
版　　次	2023 年 9 月第 1 版
印　　次	2023 年 9 月第 1 次印刷
书　　号	ISBN 978-7-5504-5884-0
定　　价	78.00 元

前言

在新时代，公共服务体系既是维护社会公平的重要基础，也是缓和社会矛盾纠纷的"缓冲器"，在保障和改善民生、维护社会大局和谐稳定、推进国家治理体系和治理能力现代化、促进经济社会平稳发展等方面发挥着至关重要的作用。党的二十大报告提出，要着力解决好人民群众"急难愁盼"问题，健全基本公共服务体系，提高公共服务水平，增强均衡性和可及性。推进公共服务共建共享，有利于推动在更大范围内实现基本公共服务标准化供给，逐步实现全体人民无论身处何地都能公平可及地获得均等化的基本公共服务，让人民群众的获得感、幸福感和安全感更加充实、更有保障、更可持续。

公共服务共建共享是推动成渝地区双城经济圈建设的重要内容。《成渝地区双城经济圈建设规划纲要》明确提出，要强化公共服务共建共享，增加优质公共产品和服务供给，扩大民生保障覆盖面，更好地满足人民群众追求高品质生活的需要。成渝地区双城经济圈建设启动以来，成渝两地协同推进公共服务共建共享，在公共服务标准化便利化、教育医疗文化体育资源共享、公共安全应急联动等领域取得了积极进展。进一步强化公共服务共建共享，既有利于促进产业、人口及各类生产要素在成渝地区双城经济圈内的合理流动和高效集聚，进而促进城市规模结构和功能布局的不断优化，更好地推动区域一体化发展；又能够满足人民对美好生活的向往，建设高品质生活宜居地，使成渝地区双城经济圈的人民群众生活更美好。

本书按照建设高品质生活宜居地要求，从公共服务共建共享理论出发，围绕教育、就业创业、医疗卫生、文化体育、住房保障、社会保障等领域，深入分析成渝地区双城经济圈公共服务共建共享取得的成效，剖析存在的障碍；在充分借鉴和吸收长三角、京津冀、粤港澳大湾区等城市群有益经验的基础上，从资源共享、制度对接、待遇互认、要素趋同、流转顺畅、差距缩小等方面入手，深入推进公共服务供给侧结构性改革，提出成渝地区双城经济圈公共服务共建共享发展思路、发展策略和实施路径；以体制机制改革为动力，深入开展供给侧结构性改革视域下公共服务精准化专题研究，提出着力构建供给主体多元化机制、公共服务对象筛选机制、公共服务需求识别机制、公共服务标准差异化机制、公共服务供需传递机制、公共决策程序科学化机制六大机制，为成渝地区双城经济圈公共服务共建共享实现精准化供给提供理论支撑；以川渝毗邻地区为突破口，深入开展公共服务一体化发展动能专题研究，探寻公共服务一体化发展动因、主要矛盾以及问题成因，以期以公共服务一体化促进区域经济一体化，为成渝地区双城经济圈高质量一体化发展赋能添彩。

作者

2023 年 4 月

目录

第一篇　主题研究

第二篇　专题研究

专题一　川渝毗邻地区公共服务一体化发展动能研究

专题二　供给侧结构性改革视域下公共服务精准化研究

第三篇 思考建议

第一篇
主题研究

2012 年 11 月 15 日，习近平总书记在党的十八届中央政治局常务委员同中外记者见面会上的讲话指出："我们的人民热爱生活，期盼有更好的教育、更稳定的工作、更满意的收入、更可靠的社会保障、更高水平的医疗卫生服务、更舒适的居住条件、更优美的环境，期盼着孩子们能成长得更好、工作得更好、生活得更好。""人民对美好生活的向往，就是我们的奋斗目标。"《成渝地区双城经济圈建设规划纲要》把"共享包容，改善民生"作为建设成渝地区双城经济圈的主要原则之一，同时明确提出：要强化公共服务共建共享，增加优质公共产品和服务供给，扩大民生保障覆盖面，体现以人民为中心的发展思想，就是要始终以解决人民群众需求为出发点，坚持制度共建、资源共享，促进成渝两地人员、信息等要素的自由有序流动，推动公共服务资源在成渝地区双城经济圈内部不断优化配置，更好地满足人民群众对美好生活的需要。

第一章　公共服务共建共享理论动态研究

第一节　公共服务共建共享理论基础

公共服务共建共享是政府的政策性概念，其诞生与发展的理论依据主要来自公共产品理论、新公共管理理论、新公共服务理论和公共选择理论。

一、公共产品理论

作为新政治经济学的基本理论，公共产品理论的提出由来已久。奥地利学者和意大利学者最先采用边际效用价值理论研究政府对市场经济的影响，得出了公共产品理论。1919 年，林达尔提出了林达尔均衡理论，是公共产品理论最早的成果之一。20 世纪中期，萨缪尔森指出纯粹的公共产品是指每个人消费这种产品不会引起别人减少对该产品的消费的产品。公共产品与私人产品具有明显的区别，效用的不可分割性、消费的非竞争性和受益的非排他性是公共产品的三个显著特征。其中，效用的不可分割性是指公共产品为社会公众所共同享有和消费，不能被进行量上的划分；消费的非竞争性是指公共产品的边际成本和边际拥挤成本为零，即增加一个公共消费者，公共产品的供给成本并不增加，任何人都不能独占、专用某种公共产品的消费，不能阻止其他消费者享受公共产品的效用；受益的非排他性是指一个人在消费这类产品时，无法排出其他人同时消费这类产品。公共服务是公共产品的一种形式，公共产品理论为公共服务共建共享提供了很好的理论依据。

二、新公共管理理论

相比于传统管理理论，新公共管理理论提倡管理的自由化和市场化。胡德（1991）认为，新公共管理包含公共领域的专业化管理、明确的目标和绩效测量标准、强化产出控制、公共部分的分散化、引入竞争机制、对私营部门管理方式的重视以及强调对资源的有效利用和开发七个方面的特点。欧文·休斯（2002）在《公共管理导论》中提出，新公共管理理论的内涵具有灵活的组织、人事、任期和条件，明确规定采用绩效手段测量工作完成情况，系统评估新的计划方案，运用市场管理手段管理公共事务，用民营化与市场化等手段逐步减弱政府职能。在实际运用中，新公共管理理论具有七个表象特征：多元结构的行政主体、扁平的组织形态、灵活的人事管理、政治化的行政官员、强化社会职能的政府、私营化的管理方式、外部化的行为取向。新公共管理理论为公共服务管理自由化和市场化、政府职能转变等提供了理论依据。

三、新公共服务理论

新公共服务理论是以美国著名公共管理学家罗伯特·丹哈特为代表的一批公共管理学者基于对新公共管理理论的反思而建立的一种新的公共服务理论。该理论起源于民主社会的公民权、社区和市民社会、组织人本主义和组织对话理论等，是以公民为中心的管理理念。新公共服务理论主要有六个基本判断：①公共管理者的职能是服务，而不是对社会的控制和驾驭；②公共利益是管理者和公民共同的利益，是目标而非副产品；③要战略性地思考，民主地行动；④政府服务于公民而非顾客，政府承担的责任是复合的而非单一的；⑤重视人，而不只是重视生产率；⑥大力弘扬公民权和公共服务精神。新公共服务理论为政府管理提出了全新的管理模式，推动政府由管理主导向服务主导、全能政府向"有限政府"[①]、官本位向公民本位的转变，为公共服务共建共享的实现途径提供了理论借鉴。

四、公共选择理论

公共选择理论产生于20世纪70年代中期，是对政府决策过程的经济

[①] "有限政府"是指政府自身在规模、职能、权力和行为方式上受到法律和社会的严格限制和有效制约。

分析。1948 年，邓肯·布莱克发表的《论集体决策原理》中的很多观点为公共选择理论的产生奠定了重要基础，他也由此被尊称为"公共管理选择之父"。布莱克认为，公共物品如果符合中间投票者的第一偏好，是非常容易被采纳和使用的。"公共选择理论之父"詹姆斯·布坎南（1954）认为，公共选择是政治上的观点，是因经济学家研究的工具和方法大量应用于集体或非市场决策而产生的。他还总结了公共选择理论的方法论主要由个人主义、"经济人"假说、经济学的交换模式三个要点组成。公共选择理论的观点即政治是经济交易过程的延伸，政治家、官员等都是"经济人"，均以追求个人利益最大化为目标。因此，我们可以采取个人主义方法研究集体行为，分析个人偏好与政府的公共选择以及作为投票者的消费者对公共物品和服务供给的表达意愿。

第二节　公共服务共建共享理论内涵

目前，学术界和相关政府文件对公共服务的定义及内涵界定尚不统一。2017 年国务院发布的《"十三五"推进基本公共服务均等化规划》对基本公共服务的内涵和外延做了明确界定，即按照服务领域，公共服务可划分为公共教育、劳动就业创业、社会保险、医疗卫生、社会服务、住房保障、公共文化体育和残疾人服务 8 个领域 81 项基本公共服务。一般来说，公共服务是面向公民提供的用于满足共同需要的公共产品和服务，具有公众性、公用性和公益性等特征。公共服务主要包括为保障人类基本生存而提供的基本服务、满足基本尊严和基本能力的服务以及满足基本健康而提供的服务三个方面的内容，涵盖了就业保障、基本生活保障、教育和文化服务、公共卫生、基本医疗服务、基本养老保险等。

公共服务的种类、标准的度量、供给方式均与一定时期、一定区域内的经济、社会、政治因素密切相关。公共服务的范围取决于社会成员的公共需求，重点集中在教育、卫生、就业、社保、文化体育等领域。随着经济社会的快速发展、区域经济分工的逐步合理以及人民物质精神生活质量的日益改善，公共服务的范围会逐步扩大，公共服务的跨行政区协同需求会逐步增大，由此催动了跨区域的公共服务共建共享。公共服务共建共享是区域协调发展战略中最复杂、任务量最大、最需要持久努力的任务之一，是为实现不同群体或不同行政区划范围基本公共服务均等化而制定的制度机制。具体来说，公共服务共建共享就是推动人力、物力、资金等要素在空间上合理布局，建立跨区域资源共建共享机制，促进跨地区在教育文化、卫生医疗、养老保障、劳动就业等公共服务资源配置大体均衡，进而实现特定空间范围全体社会成员均等享有同等配置的公共服务供给。

归结起来，公共服务共建共享本质上是跨地区、跨部门协同推进公共服务资源的再分配和公共服务供给体制的重组，建立和完善区域公共教育、医疗卫生、就业创业、住房保障等领域内的制度体系，不断优化公共服务供给，从而保障公民享有均等机会和统一品质公共服务权利的过程。公共服务的共建体现在跨地区、跨部门的政策协同和制度对接，即建设标准、政策标准、保障标准等的统一。公共服务的共享即"不破行政隶属，打破行政边界"，聚焦一体化内涵，实现资源共享、制度对接、要素趋同、流转顺畅、差距缩小。

第三节　我国推进公共服务的政策演进历程

作为一种政府责任和政治承诺，我国推动公共服务发展的政策实践在动态演化中不断完善。2002年，党的十六大报告明确提出了转变政府职能的目的要求，首次界定了政府的经济调节、市场监管、社会管理和公共服务四项基本职能。2006年，《中共中央关于构建社会主义和谐社会若干重大问题的决定》指出，逐步形成惠及全民的基本公共服务体系是"建设服务型政府"的重要内容。2007年，党的十七大报告将"围绕推进基本公共服务均等化和主体功能区建设，完善公共财政体系"确定为深化财政体制改革的一个基本方针。2008年，《中共中央关于推进农村改革发展若干重大问题的决定》提出逐步建立城乡统一的公共服务制度。2011年，《中华人民共和国国民经济和社会发展第十二个五年规划纲要》提出，要推进基本公共服务均等化，把基本公共服务制度作为公共产品向全民提供，完善公共财政制度，提高政府保障能力，建立健全符合国情、比较完整、覆盖城乡、可持续的基本公共服务体系。其中，首次把基本公共服务制度作为公共产品向全民提供，这是中国公共服务发展从理念共识到体制建构的重大创新。

党的十八大以来，我国加快建立以政府主导，覆盖全民、可持续的公共服务体系。以2012年国务院印发的《国家基本公共服务体系"十二五"

规划》为开端，完善基本公共服务体系成为保障和改善民生、让人民共享发展成果的重要举措，基本公共服务开始形成一整套较为完整的制度体系。随后，《国务院关于深入推进义务教育均衡发展的意见》《卫生事业发展"十二五"规划》《全国医疗卫生服务体系规划纲要（2015—2020年）》《国务院关于建立统一的城乡居民基本养老保险制度的意见》等文件相继出台，基本形成了涵盖公共教育、医疗卫生、劳动就业服务、社会服务、人口计划生育、基本住房保障、残疾人基本公共服务、公共文化体育的基本公共服务"普惠化"制度顶层设计。2017年，国务院印发的《"十三五"推进基本公共服务均等化规划》明确了"基本公共服务均等化"的定义。2018年，中共中央办公厅、国务院办公厅印发了《关于建立健全基本公共服务标准体系的指导意见》，从国家、行业、地方、基层服务机构四个层面构建了基本公共服务标准体系的总体框架，推动基本公共服务均等化向"标准化"转变。

随着区域协调发展战略的实施，我国也将公共服务一体化作为推动区域一体化的重要突破口，由此提出"公共服务共建共享""公共服务合作共享"等概念。2019年出台的《国家发展改革委关于培育发展现代化都市圈的指导意见》为城市群高质量发展、经济转型升级提供了重要支撑，提出推进公共服务共建共享是城市群一体化发展的主要目标之一。2019年印发的《长江三角洲区域一体化发展规划纲要》要求长三角地区实现"公共服务普惠共享"。2019年编制完成的《粤港澳大湾区发展规划纲要》要求粤港澳大湾区推动"公共服务合作共享"。2020年，中央财经委员会第六次会议对成渝地区双城经济圈①建设提出的七大任务之一便是强化公共服务共建共享。

第四节　我国公共服务共建共享问题及原因

国内学者对京津冀地区、长三角地区、粤港澳大湾区和成渝地区双城经济圈等区域公共服务共建共享现状及问题进行了深入研究和剖析，结果

---

① 本书整理的成渝地区双城经济圈数据中，重庆范围包括重庆市的中心城区及万州、涪陵、綦江、大足、黔江、长寿、江津、合川、永川、南川、璧山、铜梁、潼南、荣昌、梁平、丰都、垫江、忠县等27个区（县）以及开州、云阳全域；四川范围包括成都、自贡、泸州、德阳、绵阳、遂宁、内江、乐山、南充、眉山、宜宾、广安、达州、雅安、资阳15个市。

表明，我国在区域公共服务共建共享方面还面临诸多问题。雷景创（2013）认为，区域公共服务一体化中地方政府之间的合作存在主动性尚待增强、广度有待扩展、组织化程度不高、长效机制尚未完善等问题，原因主要是地区的分工不同刺激地方利益分化、地方政府具有"经济人"的属性、地方政府的事权与财权不匹配、官员绩效评估制度不科学等。鲁继通（2015）认为，制约京津冀基本公共服务均等化的障碍在于三地经济发展水平和财力差距过大、各级政府事权和财权不匹配、公共服务供给单一与市场化不足、制度缺失和法律保障不到位以及缺乏统筹规划与绩效评估体系等。高国力（2019）认为，长三角地区各省（区、市）的公共服务体系建设能力差距较大，跨行政区和城乡之间公共服务共建共享水平不够，尚处于区际衔接的初步阶段，公共服务均等化和一体化仍然面临一些障碍。王伟进（2020）指出，各地区在公共服务的财力保障、硬件设施、服务能力、管理水平上的差距，区域内不同户籍人口公共服务的可及性与标准的差距，法规标准不统一、资源投放使用缺乏合理统筹以及区域性提供主体的培育环境不尽完善等问题，共同制约了公共服务一体化发展。严长安（2021）指出，成渝地区双城经济圈公共服务共建共享的主要障碍是共建共享合作共赢理念差异、公共服务供给模式单一、地方政府事权财权差异等。

综上所述，我国推进区域公共服务共建共享主要面临公共服务供给保障水平差异、合作机制不健全、行政壁垒没有突破、制度标准不统一等问题。其中，最主要的问题是以行政区为界进行公共服务资源统筹分配会让区域内公共优质资源配置失衡，相互之间不能有效续接与转移，从而导致公共服务供需矛盾突出，难以实现共建共享。

第五节　促进区域公共服务共建共享的路径

国内学者提出要打破原有固化的行政壁垒，从完善公共服务供给机制、推进基本公共服务标准化、促进公共服务资源的优化配置等方面促进区域实现公共服务共建共享。

雷宇（2013）认为，我国应构建成渝公共服务供给机制，促进成渝地区公共服务一体化进程，统筹规划，实现要素高效流动，资源共享。鲁继通（2015）指出，要通过健全公共服务法律体系、完善公共财政制度、推进公共服务市场化改革、促进地区之间公共服务制度对接与信息共享、构建公共服务均等化考核体系、建立基本公共服务综合改革示范区等举措，推动京津冀公共服务共建共享。于迎（2018）提出，我国要通过战略升级、理念转变、贯彻实施、技术嵌入和多元主体纳入等工具选择和路径选择，建构长三角区域公共服务一体化发展的创新模式。高国力（2019）认为，长三角要实现公共服务共建共享，就要着力从探索建立公共服务区域统筹新机制、分阶段分领域推动公共服务资源跨行政区共享、提高公共服务供给效能等方面入手。王树华（2019）认为，要推动长三角公共服务一体化，就要推进基本公共服务标准化，制定统一的基本公共服务软硬件标准，打破行政壁垒和条块分割，统筹配置公共服务资源，推动基本公共服务跨区域共建共享以及不同群体之间基本公共服务均等互享。朱旭森（2020）认为，要推进成渝地区双城经济圈公共服务一体化，就要扎实推进城乡基本公共服务普惠共享，优化完善公共服务标准融合体系，加快推进公共服务大数据共建共享，建立健全公共服务共建共享机制，持续改进公共服务共建共享绩效评价体系等。

第二章 成渝地区双城经济圈公共服务共建共享的实践探索及挑战

第一节 成渝地区双城经济圈公共服务共建共享的新进展

公共服务共建共享是推进成渝地区双城经济圈建设一体化的必然要求。推动成渝地区双城经济圈建设以来，两地重点围绕教育资源、劳动就业、卫生健康、社会保障、文化体育等领域，立足解决居民现实需要，不断加强公共服务共建共享机制构建、政策协同、联盟创建等方面的创新探索。

一、加快推动教育资源协同布局

川渝两地立足于加强教育领域共建共享顶层设计，建立多层次教育交流合作机制，共同组建一批职教集团，加强高校招生合作，共同开展科技创新。一是加强两地教育领域共建共享顶层设计。2020 年 4 月，川渝两地召开教育协同发展联席会议，共同签署《成渝地区双城经济圈建设教育协同发展框架协议》，推动落实组建学前教育、基础教育、职业教育、高等教育等多领域教育联盟，建设环成渝高校创新生态圈，共建西部科学城和长江教育创新带。成渝两地教育交流频繁，通过开展多层次教育交流合作，共同提升区域教育水平。二是加强基础教育、高等教育领域的交流合作。潼南、广安等地学校开展结对帮扶，在区域教育科研交流、共建优质教育资源共享平台等方面开展合作。两地高校互相增加投放招生计划指标，2018 年，川渝两地相互增加 886 名本科招生计划和 2 224 名高职（专科）招生计划，结对共建"双一流"学科，实现学科联建、教师互派、课程互选、学分互认。2019 年，重庆市政府与电子科技大学签署合作协议，联合培养微电子、软件工程等专业的本科生、研究生。西南大学牵头与重庆大学、四川大学等单位合作建立三峡库区生物资源与生态环境保护协同创新中心。三是着力打造成渝地区职业教育品牌。2020 年 9 月，四川省教育厅与重庆市教育委员会签署《成渝地区双城经济圈职业教育协同发展合作框架协议》，成立成渝地区双城经济圈职业教育协同发展联盟。随后，人工智能职业教育联盟、财经职业教育联盟、智慧新零售产教融合发展共同体、大健康职业教育产教协同育人联盟等职教联盟陆续成立，商贸流通职业教育集团、工业互联与智能装备职业教育集团也相继组建，不断深化产教融合、校企合作，提升成渝地区双城经济圈现代职业教育发展水平，合力打造职业教育创新发展高地。

二、不断扩大劳动就业共享覆盖面

在川渝两地各级人力资源和社会保障部门、就业部门紧密配合下，以互通就业信息为基础，融通就业政策为前提，畅通工作机制为重点，共通优势项目为载体，为川渝两地群众提供高质量的就业创业服务，不断扩大成渝地区双城经济圈就业协作共享覆盖面。一是以互通就业信息为基础探索融通就业政策。成渝两地建立就业数据按月通气制度、劳动力供求信息资源共享制度，加强信息交流共享；搭建劳务对接平台，劳动者在两地平等享受就业失业登记、职业指导、职业介绍等公共就业服务；建立流动人才人事档案管理制度，为两地企业和人才在户口迁移、档案管理等方面提供人事代理互助服务；支持创业，优化创业担保贷款政策，放开高校毕业生申请创业贷款的户籍限制；联合开展成渝专家服务基层活动，建立专家智力帮扶资源共享机制；开展劳动能力鉴定协作，实现成渝两地互相委托鉴定；持续开展劳动保障监察数据共享建设和跨区域劳动维权案件协查。二是扩大就业容量、提升就业质量。成渝两地通过成立就业创业协同发展联盟，签订川渝两地公共就业创业服务合作协议，开展就业创业活动周，举办西部人力资源博览会、就业协同发展峰会及西部职业技能大赛等人才交流活动，不断扩大自身就业容量、提升就业质量。四川省人力资源和社会保障厅与重庆市人力资源和社会保障局共同签署的《"十四五"就业重点项目合作协议》明确了未来川渝两地将联合实施"川渝就业政策协同计划""川渝就业服务联动计划""川渝公共求职招聘互通计划""川渝职业培训基础能力提升计划""川渝职业指导能力强化计划""川渝失业保险促进就业计划",联合举办"成渝地区双城经济圈就业创业活动周",联合开展"智汇巴蜀"大学生就业创业专项活动,定期轮流举办"川渝创业项目推介会",开展"重庆英才·职等您来"网络直播招人招才川渝合作场,共同推动两地更加充分、更高质量的就业。

三、协力推进卫生健康一体化

成渝两地以高品质卫生健康供给为目标,聚焦医疗保障、疫情防控、健康服务等领域,加强医疗卫生联动协作,共同提升川渝卫生健康服务能力。一是畅通医疗卫生交流渠道。川渝两地先后签订《加强川渝卫生计生战略合作工作备忘录》《卫生应急联动框架协议》等合作协议,促进成渝地区双城经济圈医疗卫生服务共建共享;明确两地卫生健康部门将共同召开联席会议,实现定期互访,如召开两地基层医疗卫生机构院长(主任)交流座谈会、开展基层卫生互访交流等;紧抓健康中国行动活动契机,推进健康中国专项行动专家库共建共享,轮流开展健康中国行动川渝合作论坛。二是建立应急卫生联防联控机制。成渝地区双城经济圈建立重大疫情、传染病和突发公共卫生事件联防联控机制,共同提升基层卫生应急技能水平;建立卫生应急和传染病疫情信息共享机制,对突发急性传染病疫情信息进行通报,实现预警信息及时共享;共建突发公共卫生事件应急防控指挥中心、医疗物资储备中心、演练培训中心,共建国家区域疾病预防治疗中心。三是促进两地医疗合作共建。川渝两地组织跨区域专科联盟和医疗合作,打造跨区域专科联盟,共同推动相关专科水平的提升;重庆医科大学附属儿童医院与四川23所医院组建西部儿科发展联盟;重庆医科大学附属第一医院与四川16家医疗机构合作组建了"西南眼科联盟";川渝两地签订《中医药战略合作框架协议》,共同推动中医药事业发展,同时加强人才培养合作,建立成渝双城卫生人才专家库,推行川渝两地"导师带教"制度,在重大疾病防治、前沿技术或核心技术方面协同开展研究。四是加强医疗保障协同共进。川渝两地建立基本公共卫生服务补助资金

"按人头预拨、按项目结算"机制，让跨省流动人口均等享有基本公共卫生服务；推进两地跨省异地就医直接结算。例如，2021 年 4 月，川渝两地实现住院、普通门诊（包括药店买药）、糖尿病及高血压特殊疾病门诊的跨省异地直接结算；截至 2021 年 9 月底，已有近 3 500 家定点医疗机构实现住院费用跨省直接结算，超过 2.5 万家医药机构实现普通门诊费用跨省直接结算，两地医保参保人员住院达 11.2 万人次，门诊就医购药跨省直接结算达 61.6 万人次。

四、逐步推进社会保障互通互认

成渝地区双城经济圈建设以来，逐步推动条件成熟的社保服务事项实现成渝通办，在社保信息共享、社会保险协同互认、公积金互认共享方面成果显著。一是实现社保信息互通共享。川渝两地共同打造人力资源和社会保障数据交换平台，完善人力资源和社会保障公共服务等方面信息，实现就业、劳动关系、农民工、争议案件等方面的数据交换共享，推动以社保卡为载体的一卡通服务；加强社保卡跨区域、跨地域应用，推动川渝社保卡实现异地取款、跨行取款"不收或少收手续费"。二是建立社会保险协同互认机制。川渝两地共同缩短社会保险类转移经办时限，推进社会保险服务协同，使养老保险关系无障碍转移，取消转移纸质表单邮寄传递，实现川渝职业年金转移接续，探索参保退休人员纳入居住地社区管理服务路径；让农民工及各类灵活就业人员等不受户籍限制，按规定在两地参加企业职工基本养老保险；推动两地互认失业保险参保关系及参保年限，进一步顺畅失业保险关系转移接续。三是实现住房保障共建共享。2020 年 1 月，川渝两地公积金监管部门聚焦信息共享、互认互贷、联动治理失信行为，在资金融通等领域形成《深化川渝合作推动成渝地区双城经济圈住房公积金一体化发展合作备忘录》。截至 2019 年年底，重庆市公租房（含廉租房）保障四川省来渝工作居民 4.46 万套，发放租赁补贴 0.8 万户。截至 2021 年 9 月底，川渝两地将跨省住房公积金异地转移接续要件简化为 1 张表，办理时间由 1 个月缩短至 3 个工作日以内。重庆市率先打破城乡内外差别和户籍制度藩篱，实现公租房保障范围对符合条件的常住人口全覆盖。四是建立养老服务协同发展合作机制。川渝两地签订《川渝养老工作协同发展合作协议》，共同推进养老服务协同发展；每年举办养老服务展会、论坛，集中宣介川渝两地养老服务政策和营商环境；主动为社会力量在成渝两地举办养老服务设施牵线搭桥，先后支持泰康保险集团股份有限公司、上海九如城企业（集团）有限公司等企业在成渝地区双城经济圈建设养老服务设施，目前成渝两地均建设养老机构和项目的企业已达11家。

五、持续加强文化体育融合发展

以服务成渝地区双城经济圈发展，满足川渝两地人民群众对高品质生活的需求，相关部门不断推动文化、体育领域一卡通，加强赛事协办、设施共享、人才培养等多个方面开展融合发展，加快川渝文化体育事业发展。一是实现场馆设施共用机构联动。2020年4月，四川省体育局、重庆市体育局签署了《推动成渝地区体育公共服务融合发展框架协议》，同年9月，重庆市体育局、成都市体育局签署了《双城联动共推体育融合发展合作协议》，旨在实行成渝公共场馆一卡通，促进重庆奥体中心、成都东安湖体育公园等大型公共体育场馆成渝共享，努力提高场馆使用效能；促进双城体育大数据共享，为全方位开展体育合作奠定基础。2020年5月，由重庆市大渡口区文化馆、成都市锦江区文化馆等15个成渝地区的文化馆组成成渝区域文化馆联盟，探讨了各地在总分馆制、精品创作、品牌活动、特色项目及文旅融合发展方面的经验成果。2020年6月，四川省图书馆、重庆市图书馆、成都市图书馆成立成渝地区公共图书馆联盟，并签署了《建立成渝地区公共图书馆联盟的框架协议》，强化"川渝一盘棋"思维，树立一体化发展理念，切实发挥公共图书馆在打造巴蜀文化旅游走廊中的积极作用。二是推动赛事活动合作发展。成渝两地共同推动赛事活动合作发展，如加强成渝马拉松赛事合作，推动设置成都马拉松赛、重庆马拉松赛双向直通名额；在赛事创办和举办方面积极开展合作，共同举办成渝乒乓球交流赛、成渝双城越野赛、成渝棋类擂台赛等；共同创办联动成渝地区双城经济圈的足球、篮球、体育舞蹈、轮滑、棋类等运动项目赛事，共同做大做强"一带一路"国际乒乓球公开赛等"一带一路"系列自主品牌赛事。三是加强文化体育人才协同培养。成渝地区实施人才战略，协同培养巴渝特色文化传承、文化产业、体育竞技、赛事策划、市场运作、经营开发、体育管理等方面的人才，逐步形成有效支撑成渝地区文化体育协同发展的专业人才培养体系；共同推进竞技体育人才培养，根据双方竞技优势项目，建立青少年足球、田径、游泳、棋类等项目的教练员、运动员和裁判员之间互访、培训、学习机制。

第二节　成渝地区双城经济圈公共服务发展现状评价

成渝地区双城经济圈公共服务整体水平在全国处于中游，重庆市整体供给水平稍高于四川省，内部各区域公共服务供给水平差异较大。

一、成渝地区双城经济圈公共服务供给水平与全国平均水平一致

本书选取的全国各省（区、市）部分公共服务数据显示，成渝地区双城经济圈公共服务发展供给水平整体处于我国 31 个省（区、市）的中等水平，与全国平均水平基本一致。如重庆市、四川省 2019 年义务教育阶段师生比在全国分别排名第十五位和第十四位，每千人口卫生技术人员均在全国排名第十三位，每千人口执业（助理）医师分别排名第十七位和第十九位，人均拥有公共图书馆藏量分别排名第二十位和第二十七位，每万人拥有公共图书馆建筑面积则分别排名第十七位和第二十七位。在全国社会保障数据中，川渝两地养老保险参保比例、基本医疗保险参保比例在全国排名较靠前，基本排在全国 31 个省（区、市）的前 20%。重庆市年末参加失业保险人数比例、工伤保险参保比例、生育保险参保比例基本排在全国 31 个省（区、市）的前 35%，四川省则排在全国 31 个省（区、市）的前 55%。

二、重庆市整体公共服务供给水平稍高于四川省整体水平

本书选取的全国各省（区、市）部分公共服务数据显示，重庆市整体公共服务供给水平稍高于四川省平均水平。在选取的数据中，除四川省的义务教育阶段师生比略高于重庆市外，每千人口卫生技术人员数量一致，在其他选取指标中重庆市均高于四川省。如重庆市的人均拥有公共图书馆藏量高于四川省 0.11 册，在全国的排名中高四川省 7 位；重庆市的养老保险参保比例在全国排名高四川省 1 位。

2019 年全国及各省（区、市）教育医疗文化部分数据情况见表 2-1；2019 年全国及各省（区、市）社会保障数据情况见表 2-2。

表 2-1 2019 年全国及各省（区、市）教育医疗文化部分数据情况

地区	义务教育阶段师生比		每千人口卫生技术人员		每千人口执业（助理）医师		人均拥有公共图书馆藏量		每万人拥有公共图书馆建筑面积	
	数量	排序	数量/人	排序	数量/人	排序	数量/册	排序	数量/平方米	排序
全国	1：15.36	—	7.26	—	2.77	—	0.79	—	121.4	—
重庆	1：15.14	15	7.19	13	2.67	17	0.61	20	118.4	17
四川	1：15.09	14	7.19	13	2.65	19	0.5	27	81.2	27
北京	1：11.75	3	12.59	1	4.92	1	1.4	3	138.4	13
天津	1：13.44	9	7.03	17	2.97	9	1.34	4	278.7	1
河北	1：16.11	23	6.46	27	3.01	7	0.4	31	75	31
山西	1：12.40	5	6.91	21	2.84	13	0.54	24	148.8	10
内蒙古	1：12.48	7	7.73	9	3.08	5	0.79	12	170.4	6
辽宁	1：12.51	8	7.1	16	2.85	12	1.01	8	141.2	11
吉林	1：10.75	1	7.01	19	2.94	10	0.81	10	114.2	18
黑龙江	1：11.24	2	6.34	28	2.49	25	0.62	19	91.8	24
上海	1：12.46	6	8.42	4	3.08	5	3.32	1	182.9	5
江苏	1：15.29	16	7.85	6	3.16	3	1.23	5	195.4	4
浙江	1：15.31	17	8.89	3	3.51	2	1.61	2	223.4	2
安徽	1：16.30	24	5.67	31	2.17	30	0.49	28	89.5	25
福建	1：16.66	28	6.63	26	2.5	24	1.07	7	152.2	8
江西	1：16.84	30	5.74	30	2.07	31	0.57	23	95.2	22
山东	1：14.95	13	7.77	8	3.13	4	0.66	16	107.2	19
河南	1：16.59	26	6.78	24	2.61	20	0.35	32	75.3	30
湖北	1：15.87	20	7.02	18	2.59	21	0.71	14	121.4	16
湖南	1：16.57	25	7.26	12	2.75	15	0.52	26	77.1	29
广东	1：16.84	29	6.88	22	2.53	22	0.92	9	131.4	14
广西	1：17.47	31	6.88	22	2.32	29	0.59	21	95.4	21
海南	1：15.38	18	7.17	15	2.53	22	0.63	18	97	20
贵州	1：16.66	27	7.39	10	2.48	26	0.44	30	79.1	28
云南	1：15.63	19	6.99	20	2.35	28	0.48	29	84.7	26
西藏	1：13.70	10	5.97	29	2.66	18	0.7	15	168.3	7

表2-1（续）

地区	义务教育阶段师生比		每千人口卫生技术人员		每千人口执业（助理）医师		人均拥有公共图书馆藏量		每万人拥有公共图书馆建筑面积	
	数量	排序	数量/人	排序	数量/人	排序	数量/册	排序	数量/平方米	排序
陕西	1∶14.41	12	9.13	2	2.8	14	0.54	24	93.8	23
甘肃	1∶12.30	4	6.76	25	2.37	27	0.64	17	123.2	15
青海	1∶16.08	22	7.79	7	2.86	11	0.81	10	151.4	9
宁夏	1∶16.07	21	7.98	5	2.99	8	1.08	6	200.3	3
新疆	1∶13.97	11	7.37	11	2.69	16	0.59	21	140.5	12

数据来源：根据《中国统计年鉴2020》和年鉴数据计算得出。

表2-2　2019年全国及各省（区、市）社会保障数据情况

地区	养老保险参保比例		年末参加失业保险人数比例		基本医疗保险参保比例		工伤保险参保比例		生育保险参保比例	
	数值	排序	数值	排序	数值	排序	数值	排序	数值	排序
全国	0.691 1	—	0.146 7	—	0.967 2	—	0.182 0	—	0.153 0	—
重庆	0.733 2	6	0.164 9	8	1.047 4	5	0.211 8	8	0.149 5	11
四川	0.724 7	7	0.113 9	15	1.028 9	6	0.140 5	17	0.114 0	18
北京	0.906 6	1	0.601 1	1	0.966 9	14	0.576 7	1	0.540 6	1
天津	0.550 6	31	0.214 8	6	0.727 9	31	0.256 2	5	0.218 5	6
河北	0.682 1	15	0.073 0	26	0.913 8	23	0.125 3	19	0.106 8	19
山西	0.670 2	19	0.119 0	14	0.875 9	27	0.167 4	13	0.131 3	13
内蒙古	0.603 0	27	0.105 0	17	0.857 6	28	0.133 1	18	0.126 2	15
辽宁	0.708 6	11	0.153 5	10	0.894 9	26	0.187 7	9	0.181 4	7
吉林	0.588 7	28	0.101 7	19	0.946 9	17	0.165 7	14	0.121 3	16
黑龙江	0.608 3	25	0.086 4	22	0.756 4	30	0.123 7	20	0.091 6	25
上海	0.686 4	14	0.405 6	2	0.778 0	29	0.446 5	2	0.407 6	2
江苏	0.713	10	0.222 3	5	0.972 6	11	0.249 9	6	0.231 6	5
浙江	0.723 3	8	0.267	4	0.933 6	20	0.385 9	3	0.266 9	4
安徽	0.741 2	3	0.081 5	23	1.057 4	3	0.100 4	27	0.097 8	21
福建	0.677 4	18	0.153 7	9	0.953 5	15	0.224 3	7	0.156 5	9
江西	0.639 9	20	0.062 1	30	1.024 9	7	0.115 6	24	0.065 0	31

表2-2（续）

地区	养老保险参保比例		年末参加失业保险人数比例		基本医疗保险参保比例		工伤保险参保比例		生育保险参保比例	
	数值	排序	数值	排序	数值	排序	数值	排序	数值	排序
山东	0.737 7	4	0.135 7	13	0.950 3	16	0.169 9	11	0.129 0	14
河南	0.760 4	2	0.086 9	21	1.067 4	2	0.100 2	28	0.079 4	29
湖北	0.680 0	17	0.104 5	18	0.938 5	18	0.121 1	22	0.097 5	23
湖南	0.718 6	9	0.087 7	20	0.970 8	13	0.116 7	23	0.086 8	26
广东	0.631 9	21	0.303 7	3	0.936 0	19	0.331 2	4	0.318 5	3
广西	0.575 2	30	0.073 2	25	1.049 8	4	0.089 2	31	0.081 8	28
海南	0.620 1	23	0.189 0	7	0.974 2	10	0.168 9	12	0.178 6	8
贵州	0.699 2	12	0.076 2	24	1.155 6	1	0.112 8	25	0.096 5	24
云南	0.629 9	22	0.059 5	31	0.933 2	21	0.090 3	30	0.073 3	30
西藏	0.610 3	24	0.072 1	27	0.988 9	9	0.104 8	26	0.097 7	22
陕西	0.734 3	5	0.110 0	16	1.021 9	8	0.149 0	16	0.117 3	17
甘肃	0.695 9	13	0.065 4	29	0.972 0	12	0.092 2	29	0.083 8	27
青海	0.680 8	16	0.072 0	28	0.917 6	22	0.121 7	21	0.101 6	20
宁夏	0.606 2	26	0.140 1	11	0.911 8	24	0.172 1	10	0.136 3	12
新疆	0.585 9	29	0.139 6	12	0.908 9	25	0.162 6	15	0.152 0	10

三、成渝地区双城经济圈公共服务水平在全国四大城市群中较为落后

本书选取的我国四大城市群相关省份的一般公共预算支出中公共服务相关指标的人均支出情况显示，成渝地区双城经济圈公共服务水平在全国四大城市群中处于相对落后位置。在选取的各项数据中，川渝两地人均水平远远低于北京、上海，北京、上海公共服务水平全面领先。天津、江苏、浙江、广东等地区大部分指标领先于川渝两地，个别指标略低，公共服务整体水平高于川渝两地。河北、安徽个别指标高于川渝两地，但整体来看，其公共服务水平低于川渝两地。总而言之，成渝地区双城经济圈公共服务供给水平低于京津冀、长三角、粤港澳地区，且差距明显。全国及四大城市群主要省份人均一般公共服务支出情况见图2-1；2019年全国及四大城市群部分省份地方一般公共预算支出中公共服务相关人均支出情况见表2-3。

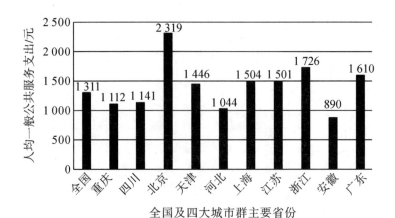

图 2-1　全国及四大城市群主要省份人均一般公共服务支出情况

表 2-3　2019 年全国及四大城市群部分省份地方一般公共预算支出

中公共服务相关人均支出情况　　　　　　　单位：元

区域	人均一般公共服务支出	人均教育支出	人均科学技术支出	人均文化体育与传媒支出	人均社会保障和就业支出	人均卫生健康支出	人均城乡社区支出
全国	1 311.35	2 354.28	425.31	269.81	2 010.47	1 172.65	1 771.62
重庆	1 111.56	2 331.18	253.62	176.82	2 817.00	1 226.82	2 561.11
四川	1 141.04	1 885.23	220.84	234.6	2 104.24	1 126.29	1 067.03
北京	2 318.62	5 279.39	2 012.16	1 296.75	4 517.08	2 481.01	4 988.90
天津	1 446.03	2 993.79	703.78	297.12	3 527.40	1 266.71	5 105.44
河北	1 044.03	2 024.62	119.47	208.11	1 617.43	915.53	931.51
上海	1 503.62	4 100.91	1 604.37	740.82	4 117.67	2 032.29	6 733.61
江苏	1 500.61	2 743.30	708.85	327.79	1 754.65	1 122.69	2 103.53
浙江	1 726.43	3 016.56	882.15	347.45	1 835.79	1 257.45	2 782.36
安徽	890.43	1 919.90	593.70	138.20	1 702.89	1 079.74	1 817.08
广东	1 610.38	2 786.66	1 014.49	304.08	1 478.59	1 371.06	2 095.17

数据来源：根据《中国统计年鉴 2020》中常住人口数据与地方一般公共预算支出相关指标计算。

四、成渝地区双城经济圈内部公共服务水平差异较大

成渝地区双城经济圈各地区公共服务供给水平差异较大，包括公共教育、医疗卫生、社会保障、文化旅游等方面。在教育领域，我们选取中学师生比、小学师生比、人均公共预算教育支出3个指标进行比较，重庆市的渝中、长寿、梁平、黔江、荣昌5个地区和四川省的遂宁等地区教育指标排名靠前。由表2-4可知，重庆市渝中区中、小学师生比分别为1∶8.76、1∶17.27，重庆市丰都县中、小学师生比分别为1∶17.69、1∶13.53，九龙坡区中、小学师生比分别为1∶13.31、1∶24.00，各地区中、小学师生比差距较大。人均公共预算教育支出最高的荣昌区达到2751元/人，最低的达州市为1130元/人，差距超过2倍。在医疗卫生领域，我们选取每万人拥有卫生技术人员数、每万人拥有医疗机构床位数、人均公共预算卫生健康支出3个指标，重庆市主城区、綦江区及丰都县和成都市、广安市的医疗卫生指标排名靠前。由表2-4可知，重庆市渝中区每万人拥有卫生技术人员数和每万人拥有医疗机构床位数分别达到336.4人、226.98张，南充市每万人拥有卫生技术人员数仅为48.85人，渝北区每万人拥有医疗机构床位数为42.52张。从人均公共预算卫生健康支出指标来看，梁平区最高达到1543元/人，渝北区最低为623元/人，地区差距明显。在社会保障领域，我们选取城市居民最低生活保障人数比例、人均公共预算社会保障和就业支出2个指标，重庆的渝中区、黔江区、开州区和四川的遂宁市、内江市的指标排名靠前。由表2-4可知，从人均公共预算社会保障和就业支出指标来看，最高的渝中区达到1848元/人，最低的南岸区为810元/人，人均支出超过2倍。在文化旅游体育领域，我们选取广播覆盖率、电视覆盖率、每百万人公共图书馆藏书、人均一般公共预算文化旅游体育与传媒支出4个指标，重庆市主城区、江津区、璧山区和成都市等地区文化旅游体育领域指标排名靠前。由表2-4可知，从人均一般公共预算文化旅游体育与传媒支出来看，最高的成都市达到276元/人，重庆市的大足区为215元/人，最低的开州区为52元/人，长寿区为71元/人，各地区差距较大。

成渝地区双城经济圈相关地区公共服务领域人均一般公共服务支出情况见图2-2；成渝地区双城经济圈2019年相关区域公共服务部分指标对比见表2-4。

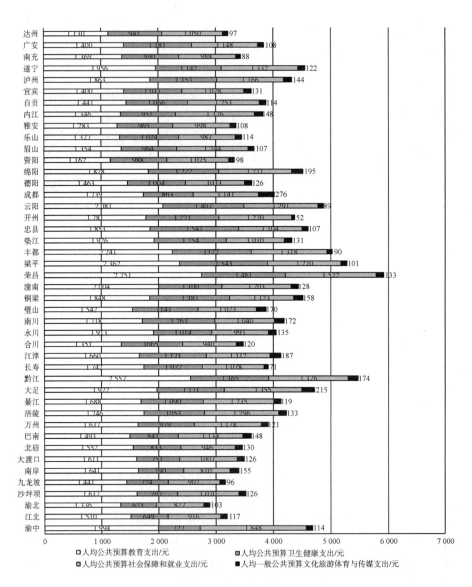

图 2-2 成渝地区双城经济圈相关地区公共服务领域人均一般公共服务支出情况

成渝地区双城经济圈建设中的公共服务共建共享研究

表 2-4 成渝地区双城经济圈 2019 年相关区域公共服务部分指标对比

区域名称		基础教育			医疗卫生			社会保障		文化旅游体育			
		中学师生比	小学师生比	人均公共预算教育支出/元	每万人拥有卫生技术人员数/人	每万人拥有医疗机构床位数/张	人均公共预算卫生健康支出/元	城市居民最低生活保障人数比例/%	人均公共预算社会保障和就业支出/元	广播覆盖率/%	电视覆盖率/%	每百万人公共图书馆藏书/本	人均一般公共预算文化旅游体育与传媒支出/元
重庆市	渝中	1:8.76	1:17.27	1 994	336.4	226.98	727	1.57	1 848	100	100	2.6	114
	江北	1:16.6	1:17.33	1 510	124.04	104.49	649	0.51	916	100	100	0.64	117
	渝北	1:13.01	1:18.51	1 336	56.32	42.52	623	0.17	827	100	99.79	0.39	103
	沙坪坝	1:12.37	1:22.44	1 617	103.38	94.10	707	0.48	1 070	100	100	3.97	126
	九龙坡	1:13.31	1:24.00	1 441	95.14	92.45	724	0.74	902	100	100	0.6	96
	南岸	1:13.4	1:18.57	1 641	84.70	56.81	790	0.87	810	100	100	0.49	155
	大渡口	1:12.59	1:15.62	1 611	90.72	80.39	751	0.59	1 007	100	100	0.93	126
	北碚	1:12.77	1:16.92	1 551	69.83	63.22	833	0.50	946	100	100	0.79	130
	巴南	1:13.01	1:17.97	1 493	66.35	69.02	841	0.44	1 134	100	100	0.65	148
	万州	1:14.30	1:15.66	1 637	71.29	67.70	980	1.53	1 178	99.87	99.66	0.18	121
	涪陵	1:15.16	1:13.74	1 746	62.74	61.50	1 053	1.09	1 296	99.94	99.00	0.61	133
	綦江	1:11.41	1:17.42	1 688	65.77	89.55	1 090	1.38	1 235	99.35	99.72	0.35	119
	大足	1:14.96	1:16.37	1 972	49.38	71.32	1 171	0.91	1 355	99.86	99.65	0.51	215
	黔江	1:12.90	1:12.05	2 557	77.79	83.29	1 365	1.30	1 376	98.60	98.71	0.68	174
	长寿	1:10.96	1:16.70	1 742	54.14	61.72	1 022	0.58	1 078	99.96	99.99	0.51	71
	江津	1:15.90	1:16.14	1 660	43.28	63.61	1 171	0.65	1 112	100	99.97	0.92	187

表2-4（续）

区域名称		基础教育			医疗卫生			社会保障		文化旅游体育			
		中学师生比	小学师生比	人均公共预算教育支出/元	每万人拥有卫生技术人员数/人	每万人拥有医疗机构床位数/张	人均公共预算卫生健康支出/元	城市居民最低生活保障人数比例/%	人均公共预算社会保障和就业支出/元	广播覆盖率/%	电视覆盖率/%	每百万人公共图书馆藏书/本	人均一般公共预算文化旅游与传媒支出/元
重庆市	合川	1：14.11	1：18.53	1 351	50.29	48.46	1 065	1.04	940	99.33	99.28	0.27	120
	永川	1：16.31	1：15.22	1 913	66.62	78.44	1 014	0.45	993	99.42	99.89	0.18	135
	南川	1：16.14	1：17.91	1 718	67.10	75.39	1 263	0.55	1 040	98.31	97.41	0.28	172
	璧山	1：14.15	1：16.93	1 542	61.56	64.00	1 143	0.36	1 023	100	100	0.4	170
	铜梁	1：16.00	1：16.22	1 848	61.32	58.04	1 387	0.40	1 123	99.89	98.30	0.65	158
	潼南	1：13.98	1：14.81	2 004	45.76	55.01	1 100	0.36	1 203	99.36	99.67	0.43	128
	荣昌	1：15.00	1：12.32	2 751	70.32	63.72	1 461	0.82	1 572	100	100	0.29	133
	梁平	1：14.70	1：14.19	2 362	54.12	61.79	1 543	0.55	1 270	100	100	0.33	101
	丰都	1：14.61	1：13.53	2 241	55.04	85.57	1 372	1.00	1 318	98.73	99.87	0.29	90
	垫江	1：17.69	1：14.79	1 926	61.97	71.42	1 254	0.54	1 010	99.55	100	0.24	131
	忠县	1：17.02	1：17.57	1 853	52.33	62.54	1 541	0.56	1 104	100	100	0.75	107
	开州	1：15.54	1：13.46	1 781	49.32	69.37	1 271	1.80	1 270	99.12	99.52	0.09	52
	云阳	1：14.78	1：13.46	2 081	54.95	81.61	1 407	1.28	1 291	99.08	99.11	0.15	89

表2-4（续）

区域名称	基础教育			医疗卫生			社会保障		文化旅游体育			
	中学师生比	小学师生比	人均公共预算教育支出/元	每万人拥有卫生技术人员数/人	每万人拥有医疗机构床位数/张	人均公共预算卫生健康支出/元	城市居民最低生活保障人数比例/%	人均公共预算社会保障和就业支出/元	广播覆盖率/%	电视覆盖率/%	每百万人公共图书馆藏书/本	人均一般公共预算文化旅游体育与传媒支出/元
成都	1:11.78	1:17.59	1 739	111.5	89.83	863	0.14	1 141	99.99	99.99	0.69	276
德阳	1:11.89	1:16.30	1 463	69.93	81.37	1 004	1.67	1 033	99.69	99.59	0.20	126
绵阳	1:13.52	1:17.30	1 828	70.73	79.84	1 222	0.42	1 271	98.94	99.47	0.41	195
资阳	1:15.26	1:17.67	1 162	69.48	74.00	988	0.71	1 075	99.45	99.33	0.35	98
眉山	1:11.07	1:16.11	1 354	71.68	82.67	964	1.00	1 244	99.64	99.63	0.44	107
乐山	1:11.55	1:16.00	1 327	57.22	67.12	1 024	0.68	987	99.90	99.39	0.30	114
雅安	1:12.63	1:13.70	1 283	57.03	69.89	965	0.78	998	96.63	98.10	0.24	108
内江	1:14.96	1:16.50	1 346	66.97	77.44	951	1.19	1 376	99.45	99.60	0.33	148
自贡	1:14.96	1:17.09	1 441	55.76	67.95	1 066	2.27	1 253	99.32	99.39	0.34	114
宜宾	1:13.93	1:17.21	1 400	60.35	66.59	1 011	0.33	1 078	100	100	0.21	131
泸州	1:16.33	1:18.49	1 863	65.18	77.07	1 153	0.53	1 166	96.36	98.55	0.30	144
遂宁	1:11.66	1:15.50	1 956	52.76	65.55	1 142	1.96	1 332	99.60	99.74	0.67	122
南充	1:12.81	1:14.96	1 369	48.85	62.47	990	0.91	988	97.54	96.28	0.27	88
广安	1:11.70	1:15.54	1 400	83.30	85.85	1 181	0.19	1 148	96.32	98.24	0.65	108
达州	1:14.86	1:14.90	1 130	59.72	80.81	941	0.27	1 050	98.89	99.71	0.22	97

四川省

第三节　影响成渝地区双城经济圈公共服务共建共享的因素

成渝地区双城经济圈建设以来，相关部门在推进公共服务一体化方面已取得初步成效，但与高质量一体化发展要求相比，公共服务一体化进程依然缓慢，成渝地区双城经济圈公共服务行政壁垒没有完全被打破。公共服务对接缺乏明确的制度保障，跨区域的规划和布局体现并不充分，各行政区域之间存在明显的地域壁垒，妨碍了公共服务政策的衔接与整合，影响共建共享的因素依然较多。

一、区域经济发展阶段不同导致公共服务保障力度不一

成渝地区双城经济圈覆盖面积大，各区域经济发展、产业化和城镇化的发展阶段不同，从而导致各地区财政保障水平差距较大。财政是基本公共服务供给的主体，区域经济发展不同决定了公共服务的供给水平必然存在较大不同。一是经济发展水平和发展阶段差异较大。成渝地区双城经济圈范围内，既有已经进入工业化中后期阶段的重庆市主城区、成都市等经济发达的地区，也有还处于工业化中期阶段的部分地区。在成渝地区双城经济圈内，人均 GDP 最高的重庆市渝中区已经达到 19.65 万元，而人均GDP 最低的四川省资阳市仅为 3.10 万元，差距超过 6 倍。由于经济发展水平和发展阶段的差异大，公共服务发展不平衡不充分现象较为严重，制约了公共服务共建共享的进程。二是财政收支差距较大。财政是公共服务供给的物质基础，财政收入与支出的规模和结构决定了公共服务的供给水平。成渝地区双城经济圈内的不同区域一般公共预算收入差距大，成都市2019 年一般公共预算收入达到 1 482.96 亿元，重庆市云阳县 2019 年一般公共预算收入仅为 16.03 亿元。从一般公共服务财政预算支出来看，成都市 2019 年一般公共预算支出达到 2 006.95 亿元，按常住人口计算，人均达到 1.2 万元，重庆市渝北区 2019 年一般公共预算支出达 119.87 亿元，人均为 0.71 万元。由此可见，财政收支的巨大差距增大了公共服务共建共享的难度。

二、行政层级体制不同导致公共服务协同发展不一

重庆直辖市体制与四川省级架构的行政层级不同，导致成渝地区重庆和四川两地在资源配置、行政效率、信息互联、结算互通等方面的协调能力存在差异。一是不同行政层级导致基层资源配置能力上差异明显。重庆作为直辖市，其区县享受"省直管县"的体制优势，更为扁平化的行政管理体制使得重庆区县比四川区县级行政单位在统筹公共服务规划布局、基础设施建设等方面的决策和行政效率更高，城乡公共服务供给能力和协调能力相对更强。二是行政层级多导致公共服务数据信息碎片化难以整合共用。公共服务信息来源于教育、医疗、文化、体育、社保、医保等多个部门，成渝地区双城经济圈各级政府众多，各地"互联网+政务"建设缺乏统一的顶层设计、系统规划、设计人才和资金配套，导致各地政务网相互分割，"碎片化"发展，系统数据通道难以打通，公共服务各领域推进电子证照跨地区互认互信、共享应用实质性进展缓慢。三是行政等级差异导致多领域结算互通难度大。成渝地区重庆范围内大多数地区属于区级行政区，四川范围内大多数地区则属于县级行政区，不同行政等级在财权领域和事权领域的差异性明显，导致在公共服务供给中承担的责任和任务、行使的财权不同，以致在公共服务领域实现跨区域直接结算难度大。

三、协调机制尚不健全导致政策协同工作协调难度大

成渝地区双城经济圈公共服务共建共享仍处于探索阶段，合作协调机制还不健全，缺乏明确的制度保障，部分领域尚未建立常态化沟通渠道，"协而不同"现象依然存在。一是缺乏强力的一体化统筹引领。成渝地区双城经济圈建设战略实施以来，川渝两地出台了《川渝两省市毗邻地区合作共建功能平台推进方案》，但尚未出台教育、医疗卫生、文化、社保等公共服务协同发展规划或方案，导致合作方向目标还不明确。受现行财政、户籍等制度限制，公共文化服务主要以区县为单元开展，全省（区、市）范围尚未完全打通，川渝两地更是如此，公共服务共建共享分工合作尚不明显，妨碍了公共服务政策的衔接与整合，从而制约了公共服务的共建共享。二是缺乏相应的制度与法律保障。目前，关于成渝地区双城经济圈公共服务共建共享建设出台的政策大多属于倡导性，缺乏刚性约束和具

体指导，尚未形成行之有效的财政保障机制、管理运行机制、基层人才培养机制和分工协作机制，缺乏有效的监督评估机制，难以解决经费保障、机构协调、人员统筹、服务对接等诸多现实壁垒。三是缺乏统一有效的相关标准。重庆、四川范围内公共服务一体化在多领域存在标准差异，多领域程序对接"堵点"依然存在。受各方面条件限制，成渝地区双城经济圈公共服务标准、流程等方面存在较大差异，阻碍了成渝地区双城经济圈公共服务共建共享、一体化发展，如医保政策尚不统一，给跨省份异地门诊费用直接结算工作带来一定政策障碍。成渝两地医疗服务价格不一致，影响跨区域医疗机构之间临床检验检查结果互认工作推进。

第三章 公共服务共建共享案例借鉴

　　长三角、京津冀、粤港澳大湾区目前是经济发展最活跃、开放程度最高、创新集聚能力最强的全国三大增长极,成渝地区双城经济圈作为中国经济"第四极",需要放宽视野、充分借鉴和吸收国内其他三大城市群在促进公共服务共建共享的标准、政策、体制、机制、合作路径、协作方式等方面的有益经验,探索适应成渝地区双城经济圈公共服务发展现实的模式。

第一节　长三角以点带面探索区域内公共服务一体化发展

　　长三角城市群作为国际上公认的六大世界级城市群之一,具有良好的经济发展基础,因此公共服务共建共享的首要任务就是打破行政壁垒,在区域内以示范区的形式进行公共服务制度创新的探索。一是打破行政壁垒是实现基本公共服务异地供给的必由之路。2019 年 11 月,长三角的两省一市在交界处的浙江省嘉兴市嘉善县、上海市青浦区、江苏省苏州市吴江区建立起以毗邻地区的三地六镇为长江三角一体化示范区,面积约为 2 300 平方千米。其中,又选择了青浦金泽镇、朱家角镇等五个镇作为先行启动区,面积约为 660 平方千米,作为实施长三角一体化发展的先行先试突破口。长三角示范区探索构建了"三地联合,业界共治"的工作机制,两省一市联合成立由常务副省(市)长轮值的理事会,理事会除了由两省一市的发展改革、自然资源等相关部门参与,还邀请了知名企业和智库代表作为理事会特邀成员,为示范区一体化建设贡献智力支持,下设示范区建设执行委员会。长三角示范区理事会是这一区域的管理机构,它的设立突破了多地行政管理分头行动的局限,统一对示范区内的用地布局、政策制定和项目规划等重点工作牵头推进，打破了地方政府之间的制度壁垒，优化了行政效率。二是让数据跑路实现三地居民在社会医疗保障方面的资源共享。上海市青浦区、江苏省苏州市吴江区、浙江省嘉兴市嘉善县同在长三角生态绿色一体化发展示范区内，通过汇总三地医保数据来实现三地医保卡的同城就医。长三角探索异地就医始于 2018 年 9 月，8 个试点统筹区优先开通长三角异地就医门诊费用直接结算；2019 年 4 月，试点区域扩大到 17 个城市；2019 年 9 月，长三角 41 个城市全面覆盖医保卡的异地结算和使用，患者只需在参保地办理异地备案手续，就可以在就医地使用新版社保卡。截至 2020 年年底，长三角示范区内投放了 151 台综合自助终端，老百姓凭身份证就能异地办理 700 多项行政事务。三是以出台公共服务项目清单的方式推进民生事务落实。2020 年 1 月出台的首批《长三角生态绿色一体化发展示范区共建共享公共服务项目清单》，包括了医疗卫生、教育、养老、文化旅游、公共体育、公共交通、政务服务八大领域 20 个民生事项，特别是在职业教育一体化方面，探索示范区内职业学校招生入学、学籍管理、教学实施、就业升学一体化运行。2020 年，青浦区、嘉善县、吴江区三地首次实行跨省域中职招生和跨省域中高职贯通培养，6 所职业学校面向示范区内，根据各自的特色和优势专业进行跨省招生，其中区内的苏州信息职业技术学院是唯一的高职院校，当年招生计划一次性录满，圆满完成公共服务项目清单的当年事项。

第二节　京津冀着力形成优势互补合作共赢公共服务发展新格局

针对京津冀区域内部的公共服务资源不均衡状态，着力疏解北京的非首都功能的同时，加快推进京津冀公共资源的一体化进程，是近年来京津冀促进公共服务共建共享的关键实践。一是河北省雄安新区的设立促进了京津优质公共服务承接地建设。京津冀地区作为世界级城市群，河北省同京津地区相比在城市影响力和竞争力上差距较大，特别是北京市在产业发展、公共服务等多方面的绝对优势明显，导致在京津冀协同发展上必然产生极强的虹吸效应。2017 年，中共中央、国务院设立河北省雄安新区，抓住公共服务均等化的重点领域，如教育方面，协调北京市、天津市将部分中央所属的优质学前及中小学教育资源转移到雄安新区办分校（分部）或者与现有的学校联合办学；医疗方面，充分调动北京市、天津市的优质医疗资源，计划在1~2年将雄安新区建成国内的医疗服务高地，在雄安新区建设1~2家国际水准的三甲医院，1~2家国际水准的三甲生育和儿童医院，针对北京市与天津市公共服务膨胀的问题，建立具有示范和疏解作用的承接地。二是突出京津特色，着力补齐河北省短板。北京市和天津市在教育、医疗、养老等基本公共服务的优势，使其承担了均衡区域整体公共服务水平的重任，河北省努力补齐短板、调整结构，加快构建同京津两市错位发展和融合发展的良性互动。医疗方面，自2014年京津冀协同发展上升为国家战略，北京市与河北省进行了医疗卫生合作，北京市17家医院与河北省20家医院建立合作关系，其中包括多家京津冀医疗卫生机构临床检验检测结果的互认和医学影像检查资料的共享。教育方面，组建12个京津冀高校创新发展联盟，成立9个跨区域特色职教集团（联盟），多所北京高水平中小学与河北省开展合作办学。公共文化方面，京津冀在公共文化服务、群众文化活动、演出艺术发展等领域先后成立了图书馆联盟等5个协同发展平台，实现资源互通共享。

第三节　粤港澳大湾区求同存异深化民生领域合作

粤港澳大湾区是包括香港特别行政区、澳门特别行政区和广州市、深圳市、珠海市等9个城市的世界知名第四大湾区，由于一个国家、两种制度、三个关税区、三种法律制度的特点，客观上形成了一些体制机制的障碍，因此求同存异地发挥粤港澳综合优势是粤港澳大湾区公共服务共建共享的最大经验。一是加强三地体制机制的对接和不断深化。粤港澳大湾区充分发挥各地所长，优势互补，协同发展，特别是在公共服务领域，粤港澳三地的服务标准、服务水准和共享机制一直不断完善，近年来，三地积极寻求两种制度规则的协调和平衡，为不同市场机制之间的对接和融通提供经验和参考。科研人才方面，粤港澳大湾区大幅降低境外高端人才和紧缺人才的个人所得税，实施优惠政策全面落地。科研资源共享方面，港澳科研机构和人员可共享使用内地重大科技基础设施和大型科研仪器，国家超算广州中心开通与港澳之间的网络连线，服务港澳地区用户近200家。专业资格认证方面，内地已在医疗、教育、律师、会计、旅游等8个重点领域实现对港澳职业资格的认可。二是激发粤港澳三地青年创新创业活力构建宜业湾区。就业创业方面，取消港澳居民在内地就业的许可审批，广东省将在粤求职、工作的港澳人员纳入基本公共就业创业服务对象范围，大湾区内的事业单位允许港澳居民报考，首批 1 万多个岗位面向港澳居民公开招考。截至 2020 年年底，广东省建成了 12 个港澳青年创新创业基地，港澳创业者已经被纳入当地创业补贴政策范围，港澳青年创新创业基地共孵化项目 698 个，带动就业人数 8 800 多人，吸纳港澳青年超过 1 000 人。三是有序推进和谐宜居湾区。教育、医疗、社会保障领域的有效衔接是打造便利港澳居民生活的宜居环境的重点任务。教育方面，已实施落地了港澳居民及随迁子女在内地享受学前教育、义务教育、高中阶段教育及中高考的政策，港澳高校在内地合作办学项目也正在有序推进中。医疗卫生方面，不断优化港澳在内地的办理审批流程。截至 2020 年年底，已有 48 家港澳医疗机构在内地落地。社会保障方面，目前正在有序推进内地与港澳社会保障衔接，港澳居民在内地参加社保政策已经落地实施。

第四节　对成渝地区双城经济圈公共服务共建共享的启示

一是破除公共服务供给的区域性限制。长三角、京津冀和粤港澳大湾区的实践证明，推进优质公共服务合理共享必须破除区域限制。长三角涉及上海、江苏、浙江、安徽四个省级行政单位，粤港澳大湾区由于三地独特的体制差异以及"一国两制"的不同治理体系，公共服务协调难度更大。成渝地区要借鉴长三角区域一体化发展中逐步弱化行政区划的观念，运用以点带面逐步扩大的形式渐进式试点公共服务统筹供给。例如，门诊费用医保的统一结算，先在试点统筹区试行，再扩大到长三角试点城市，最后实现长三角城市群所有城市的覆盖。粤港澳三地也在医疗、教育等8 个重点职业资格的专业资质认可方面实现互认，突破区域限制，促进人员流动。京津冀三地建立雄安新区，推动北京的优质公共服务资源向雄安新区布局，在有效疏解北京非首都功能的同时，提高了迁移人口的吸引力和贡献度。

二是建立跨区域服务的信息共享平台。长三角地区利用大数据驱动建立区域公共服务便利共享的内在机制。2019 年，长江生态绿色一体化发展示范区通过医保数据的汇总和共享应用，让上海、浙江、江苏三地居民实现示范区内"同城化"的医保卡就医方式，在数字经济时代，让数据要素集聚与流动，拉动物流、人流、资金流充分流动。京津冀协同发展就是依托雄安新区这一北京非首都功能"集中承载地"，积极承接京津科研机构、国家实验室、国家重点实验室和科学装置布局雄安新区，推动雄安新区成为引领高质量发展的重要动力源和高新高端科技成果的策源地及协同共享平台。

三是加强区域之间基础设施硬件连通和政策机制软联通。首先，长三角区域和京津冀区域都拥有较为强大的综合交通运输能力，成为推动区域经济纵深发展的强大助推器。粤港澳大湾区近年来也不断深化交通等基础设施合作，港珠澳大桥、南沙大桥开通运行，广深港高铁香港段正式通车，香港融入全国高铁网络等一系列海陆空铁立体交通体系的完善增强了区域互联互通。其次，公共服务政策实现协同对接。就业创业方面不断完善政策举措，为了便利港澳居民到内地就业创业，取消港澳居民在内地的就业审批许可，大湾区的事业单位允许港澳居民报考，从政策机制等软环境上为区域人员流动创造良好环境。

四是推进市场化改革，提高成渝地区双城经济圈基本公共服务供给效率与质量。长三角和粤港澳一直是我国民间资本和民间组织最活跃的区域，它们积极参与到区域基本公共服务一体化建设中，保障了公民享受多元化公共服务产品的权利。强政府—弱社会的公共服务供给模式不利于公共服务供给效率的提高。我们要推进基本公共服务市场化改革，充分整合政府和社会各种力量，保障公民根据自身能力平等享有多样化的公共服务产品，建立以成渝地区双城经济圈政府为主导，多元化市场主体广泛参与的公共服务供给模式。

第四章 成渝地区双城经济圈公共服务共建共享思路、策略和发展目标

第一节 成渝地区双城经济圈公共服务共建共享总体思路

成渝地区双城经济圈公共服务共建共享总体思路包括：以习近平新时代中国特色社会主义思想为指导，全面贯彻落实党的二十大精神，按照党中央、国务院战略部署，全面贯彻中共重庆市委六届二次全会精神，坚持以人民为中心的发展思想；按照建设高品质生活宜居地要求，集中精力办好自己的事情、齐心协力办好合作的事情，深入推进公共服务供给侧结构性改革；以统一标准、就高不就低，体现高质量元素的原则，围绕教育、医疗卫生、文化体育、就业服务、住房保障、社会保障等领域一体化发展，从资源共享、制度对接、待遇互认、要素趋同、流转顺畅、差距缩小等领域入手，完善成渝地区双城经济圈公共服务深度合作的政策与制度体系；以深化公共服务体制机制改革为动力，以促进成渝两地资源互联共通、标准互认互准、平台共建共享为抓手，切实落实合作的重点内容，优化合作的发展环境，着力构建优化配置、共建共享、流转顺畅、一体化发展的公共服务体系，努力实现学有优教、病有良医、住有宜居、老有颐养、家有关爱，不断满足人民群众的美好生活需要，增强人民群众的获得感、幸福感、安全感。

第二节 成渝地区双城经济圈公共服务共建共享基本策略

成渝地区双城经济圈公共服务共建共享基本策略如下：

一是尊重客观规律，发挥比较优势，尽力而为、量力而行，持续推动成渝地区双城经济圈公共服务共建共享的质量和水平。

二是坚持协调共进，即着眼于一盘棋整体谋划，以一体化的思路和举措打破行政壁垒、提高政策协同；构建分级分类公共服务共建共享的设施标准体系，以一定标准协调区域公共服务差距并逐步推进其一体化发展，实现公共服务制度规则在区域之间的无缝对接，推动成渝地区双城经济圈公共服务城乡区域协调发展。

三是坚持合力推进，即坚持政府主导、市场运作、企业参与，建立多主体、多环节联动的公共服务共建共享机制；充分调动各方面积极性，强化区域分工合作和优势集成，鼓励创新融合发展；不断增强区域公共服务发展活力，共同提升成渝地区双城经济圈公共服务共建共享水平。

四是坚持分步实施，即坚持问题导向与顶层设计并重，采用渐进开放的协同方式，探索建立分领域、分区域、分层级、分阶段梯次推进的公共服务供给机制；根据不同发展阶段公共服务发展面临的突出矛盾和问题，制订阶段目标和行动计划，落实重点任务，加强监测评估，以点上突破带动面上推进，逐步实现公共服务共享发展。

五是坚持开放共赢，即发挥各地区比较优势，打破区域行政壁垒，在合作共赢的利益协调机制框架下，共建成渝地区双城经济圈公共服务重大平台，营造市场统一开放、规则标准互认、要素自由流动的发展环境；努力构建互惠互利、合作共赢的发展新体制，探索区域一体化发展的路径模式，让要素在更大范围畅通流动。

第三节　成渝地区双城经济圈公共服务共建共享发展目标

成渝地区双城经济圈公共服务共建共享发展目标如下：

一是到 2025 年，成渝地区双城经济圈公共服务标准体系基本建立，公共服务均等化基本实现。比如，教育现代化取得重要进展，教育综合实力处于西部前列，基本建成西部教育高地；健康服务体系不断完善，主要健康指标保持西部领先、高于全国平均水平，西部医学高地基本建成；巴蜀文化创作、传承体系基本建立，承办一批国际国内重大赛事，西部文化高地基本建成；就业局势保持稳定，就业质量稳步提高，社会保障水平进一步提升。

二是西部教育高地取得建设新进展。比如，基础教育发展水平进一步提升，普惠性幼儿园覆盖率保持在80%以上，义务教育优质均衡区县比例达到25%，高等教育毛入学率在50%以上；以促进就业和适应产业发展需求为导向，大幅提升新时代职业教育现代化水平；以"双一流"建设为基础，提高人才培养质量、增强源头创新能力、提升高校办学水平，引领和服务区域发展；劳动年龄人均受教育达到12年。

三是西部医学高地建设取得新成效。比如，促进全民健康的制度体系更加完善，健康领域发展更加协调，健康生活方式得到普及，健康服务质量和健康保障水平不断提高；全面建成具有一定国际影响的国家级区域医疗中心和西部一流的健康服务产业集群，基本实现健康公平，主要健康指标进入全国前列，人均预期寿命达到80周岁。

四是西部文化发展高地建设取得新突破。比如，以巴蜀文化为主线、以平台互通为突破、以项目共建为抓手、以资源共享为核心、以人才共用为支撑，加快构建巴蜀文化精品创作生产体系和传播传承体系，努力提升体育发展水平，显著增强成渝地区双城经济圈文化软实力。

五是到2035年，公共服务共建共享体制机制更加健全，公共服务共享水平更加均衡。比如，全面实现教育现代化，教育总体发展水平达到全国先进水平，建成西部教育高地；全民健康的制度体系更加完善，主要健康指标进入全国前列，全面建成具有一定国际影响的西部医学高地和健康服务产业集群；巴蜀文化影响力进一步扩大，体育产业水平处于全国前列，全面建成西部文化高地；就业质量进一步提升，人民收入水平高于全国平均水平，全面建成覆盖全民、城乡统筹、可持续的社会保障体系。

第五章 成渝地区双城经济圈公共服务共建共享实施路径

成渝地区双城经济圈公共服务共建共享的顺利实施，需要牢固树立一盘棋思维和一体化发展理念，着力深化社会公共服务供给侧结构性改革，推进两地公共服务政策协同、共建共享，提高两地群众便捷生活水平，有效促进人口流动和生产要素自由流动，打造区域协作高水平样板，建设高品质生活宜居地，切实增强人民群众获得感幸福感安全感。

第一节 推进公共服务标准化、便利化

近年来，成渝地区双城经济圈在各部门、各地方大力推进下，基本公共服务质量不断提升，保障能力不断增强，群众满意度不断提高，但是城乡、区域之间的基本公共服务发展不平衡不充分问题仍然突出，与人民群众日益增长的美好生活需要相比仍存在较大差距。推进公共服务标准化便利化，是确保全体人民公平可及地享受基本公共服务的重要途径。因此，相关部门亟须以标准化、便利化为手段，进一步优化公共资源配置，规范公共服务流程，创新公共服务治理方式，切实提升公共服务共建共享质量和水平。

一、建立公共服务标准体系

构建区域统一的基本公共服务标准体系，是成渝地区双城经济圈公共服务共建共享的关键。相关部门要在建立基本公共服务标准体系上下功夫，以标准化促进均等化、普惠化、便利化。一是统筹推进公共服务资源一体化配置，即加强重大公共政策协同，建立成渝地区双城经济圈公共服务一体化发展联席会议制度，建立重大政策沟通协商机制，打破行政壁垒

和条块分割；加强成渝两地公共服务一体化发展规划，按照"统一建设、共享使用"的集约化建设模式，协同布局公共服务机构和设施；共建两地共享大数据、公共服务支撑和人工智能等平台，提升城市信息化、智能化基础服务能力，助力资源要素自由流动和区域发展动能的培育。二是推动公共服务标准化、一体化管理，即推动建设成渝地区双城经济圈公共服务数据共享清单，打造政务数据共享平台，通过统一数据标准实现公共服务标准化、清单化、集成化管理；推动数据资源体系架构对接统一，促进数据平台全方位对接，建立健全公共服务数据跨区域开放制度，有序推进建设统一的公共服务政务数据资源开放共享平台，提升政务标准化水平。

二、提升公共服务便利化水平

加快提升公共服务便利化水平是成渝地区双城经济圈公共服务共建共享的前提和基础。相关部门要加快构建成渝地区双城经济圈便捷化公共服务平台，促进"多网"走向"融合"，逐步实现多城一网、融合互通。一是破除公共服务供给的区域性限制，即推动成渝地区双城经济圈在教育、医疗、商品房购买、保障性住房申请、就业创业扶持等公共服务面向相互居民开放，全面消除地域身份类公共服务享受资格门槛，按常住人口规模优化各地公共服务资源配置，提升成渝两地居民同等享有基本公共服务的保障能力。二是建立跨区域服务信息共享平台，即整合移动平台资源，针对移动终端的广泛使用，推进各地各领域移动平台尽快统一规划建设、实现互联互通，让广大群众、企业在整个成渝地区双城经济圈享受快捷、方便、一体化的行政审批、便捷结算等公共服务。三是提升公共服务便捷度，即完善一卡通平台建设、标准二维码改造和地铁场景改造，实施公交、健康、社保、图书馆等"一卡通"；加快推进票务信息共享、票务系统平台联网，推出旅游、赛事、联程运输等"一票通"，推行成渝两地高铁、公交和地铁"一卡通"，创新开发月票、计次车票等票制；以四川"金通工程"和重庆"金佛快巴"为载体加快川渝毗邻地区①跨省城际公

---

① 本书所指的川渝毗邻地区包括四川与重庆相邻的市（区、县）。其中，重庆范围涵盖渝北、合川、潼南、铜梁、大足、荣昌、永川、江津、长寿、梁平、万州、开州、垫江、城口14个区（县），四川范围涵盖达州、广安、遂宁、资阳、内江、泸州6个市下辖的万源市、宣汉县、开江区、达川区、大竹县、邻水县、华蓥市、岳池县、武胜县、蓬溪县、船山区、安居区、安岳县、东兴区、隆昌市、泸县、合江县17个县级行政单元。

交线路开行；加强川渝两地电信套餐、资费、服务等方面协同，搭建统一的业务服务平台，推动通信电信一体化；推进社会信用体系一体化，共建社会治理大数据平台，推动社会治理数据互联互通。

第二节　推动教育服务共建共享

教育合作是推动成渝地区双城经济圈一体化发展的战略基石，也是最能提升群众获得感的重点领域之一。围绕基础教育、职业教育和高等教育等领域开展合作，通过共建共享方式把教育资源薄弱地区的教育水平提上来，不仅是川渝两地人民群众"急难愁盼"的民生大事，更关乎成渝地区双城经济圈一体化发展的推进质量。

一、推动基础教育共建共享

成渝地区双城经济圈要协同优化基础教育供给，组建两地教育联盟，促进区域内教育优质均衡发展，合力打造西部地区基础教育高地。一是推动优质基础教育资源合理配置和共建共享，即协同扩大优质教育资源供给，大力开展优质中小学（幼儿园）跨省域合作，支持有条件的高校建设附属学校，推进两地师范院校建设教师培养培训基地；深化校长和教师交流合作机制，加强中小学校长职级制、义务教育阶段教师"县管校聘"管理等重大改革互学互鉴，推进两地各级各类校（园）长、教职员工挂职交流；加快优质智慧课堂、数字教育资源面向两地教师学生全面开放，统筹解决好外来务工人员子女就学问题。二是推动成渝两地基础教育深度融合，即积极推进新时代各级学校劳动实践教育，共同推动建立川渝研学和实践教育基地联盟，建立健全各级教育部门交流沟通与合作机制；以共同搭建教育合作公共平台为突破点，探索建立全方位、深层次的基础教育合作新机制，推动川渝两地基础教育资源普惠共享。

二、推动职业教育协同发展

成渝地区要推动职业教育共建共享，深化产教融合，充分发挥职业教育在服务经济社会发展和产业转型升级中的重要作用，为两地高质量发展提供人才保障。一是加快职业教育合作共建，即以成渝两大中心城市以及永川、铜梁、泸州、宜宾等地为重点，统筹两地高职、中职院校，推进学分互认、交换生安排、就业指导等多方面交流合作，加强产教融合，积极共建实习实训基地和技术创新中心，组建跨省职教集团或产教联盟；推动高级技工等职业技术人才联合培养，协同开展"成渝招生协作"项目，推进跨地区中高职衔接，互相选派优质职业学校跨区域招生，实施职业教育学生在免学费、助学、培训补贴等方面同等待遇，鼓励跨区域就业，探索共建职业教育改革发展试验区。二是深入推进产教融合发展，即围绕区域优势产业布局，重点共建一批高水平职业院校和专业群、产教融合示范区和产教融合示范企业，共建一批特色职教集团和园区，积极引进国际优质职教资源，鼓励优质民办职业学校开展符合国家规定的跨区域合作办学，积极打造产教融合试点城市、行业、企业。

三、推动高等教育协同发展

相关部门要充分发挥成渝两地高校学科互补优势，积极构建协同发展、协同创新体制机制，提升高等教育资源共享水平。一是构建川渝高等教育协同发展新机制，即支持两地高校加强人才培养、课程建设、师资互派、科研协作等领域深度合作；加强高校考试招生合作，积极争取国家在两地增投各阶段招生计划，推动两地高校互增招生来源计划；推动两地高校开展新时代高校党建示范创建和质量创优工作相互交流、学习借鉴，加强两地干部交流挂职，整合两地优质资源联合开展干部教育培训工作。二是协同优化高等教育布局结构，即发挥比较优势，成立多种形式的高校联盟，推动四川大学、重庆大学等重点高校共建开放共享的素质教育基地、实习实践实训基地，以科创孵化为重点，为学生提供就业创业一体化服务；积极探索以新机制、新模式共同争取更多国家"双一流"学科，鼓励校校结对共建，打造一批世界知名、国内一流的重点大学和重点学科，加快形成成渝地区双城经济圈高校"双一流"学科雁阵队伍；积极构建两地高校协同创新体系，以环成渝高校创新生态圈建设为重点，加快形成打造西部科技创新中心的有力支撑。三是积极引进国内外优质教育资源落户，即推动高校协同开展招才引智，争取更多东部优质高等教育资源向成渝两地延伸，创建一批科研协同创新中心；支持开展高水平中外合作办学，共同推进"一带一路"沿线国家留学生基地建设，探索共建一批国际教育园区，共同争取境内外一流高校在两地设立重点实验室、研发基地和成果转化基地等平台。

第三节　推动就业创业服务共建共享

就业创业是公共服务的重要内容，也是最大的社会民生工程、推动经济发展的重要支撑。成渝地区双城经济圈要聚焦"实现更加充分更高质量就业"目标，协同在优化人力资源市场要素配置、健全就业服务共享协作机制、搭建开放共享创新创业服务平台等方面共同发力，加强政策对接、标准衔接、服务链接，进一步拓展合作广度与深度。

一、协同推进人力资源市场要素配置

相关部门要健全成渝地区双城经济圈人力资源服务管理协作机制，促进两地人力资源优势互补，提升成渝地区人力资源服务协同发展水平。一是健全人力资源服务管理协作机制，即推动成渝两地公共就业和人才服务窗口共享；加快推进人才公共服务项目、流程、标准统一，实现跨区域就业信息、政策咨询、人事代理等业务异地通办，促进两地人力资源顺畅流动、优势互补；进一步优化两地人力资源流动政策，完善流动人员人事档案服务管理配套政策和协同机制，搭建人力资源服务行业合作交流平台，合力打造"智汇巴蜀""才兴川渝"等人力资源服务特色品牌。二是推动人力资源服务业集群发展，即加强人力资源市场高效协作、一体管理、联合执法，建立健全经营性人力资源服务机构许可备案、设立分支机构书面报告和从业人员职业资格互认机制，形成宽松的人才服务市场环境；协同推进两地人力资源服务产业园区（市场）合作，充分发挥两地国家级人力资源服务产业园辐射引领作用，探索建立人力资源服务产业园联盟，加强川渝各地各领域特别是毗邻地区信息互通、优质资源共享，着力推动跨省人力资源服务产业园（市场）建设，促进两地人力资源服务业健康有序发展。

二、共同推进公共就业创业服务

相关部门要加快完善成渝两地就业服务共享协作机制，建立就业创业协同发展联盟，共同提升两地就业创业服务水平。一是推动公共就业服务数据共享，即依托公共招聘网，共享企业用工信息和求职者求职信息，加强就业市场供需监测、调查协作；联合举办各类线上线下专项行动和招聘

活动，定期交流离校未就业高校毕业生、流动劳动力、退役军人等重点群体就业情况，协同加强就业形势的共同研判和政策指引；加强技能培训和指导，联合开展重点群体就业创业指导服务。二是开放共享创新创业服务平台，即加强两地创业培训师资交流，共同开展创业培训，共建共享创新创业孵化基地和园区、创业导师库、创业项目库；推动川渝两地联合举办创业博览会、创业大赛、创业项目推介会等专项创业活动；共同向上争取一批就业创业服务重大项目，推动建设一批高规格区域性人力资源市场、公共实训基地、创业孵化基地、创业博览会等，完善就业补贴政策，促进川渝两地保持充分就业。

三、深化劳务领域合作

成渝地区要共同强化农民工服务保障，推动岗位开发、稳定就业、劳务输出跟踪服务等事项对接合作，提高劳务协作精准度。一是深化农民工服务保障协作，即完善农民工供给信息和岗位信息联合发布制度，促进川渝两地农村劳动力信息互联互通、资源共享共用；共同开展川渝户籍农村劳动力资源调查，将两地务工的川渝籍农民工同时纳入统计范围，共建共享川渝一体的农村劳动力及农民工资源数据库。二是大力开展农民工服务专项活动，即积极推动两地互设劳务办事机构和农民工工作服务站点，共享农民工服务平台资源，加强农民工专列专车、返岗复工、走访慰问、证照办理、根治欠薪、就业招聘、技能大赛、文体赛事等服务保障，形成全方位、一体化的农民工服务保障网络；共建共享区域性劳务培训基地，联合开发劳务品牌培训课件，推进劳务培训基地互享互认，共同打造"巴蜀建工""巴蜀保姆""巴蜀厨师"等劳务品牌。三是协同共建区域和谐劳动关系，即加强劳动纠纷预防预警、仲裁案件管辖受理、移送、文书送达等合作，积极开展劳动保障监察案件协查协调联动，推进拖欠农民工工资"黑名单"、重大劳动保障违法行为社会公布信息共享，推动建立劳动关系协调、劳动人事争议调解仲裁、劳动保障监察协调联动和信息共享机制。

第四节　推动医疗卫生服务共建共享

党的二十大报告指出，人民健康是民族昌盛和国家强盛的重要标志。川渝两地合作应把保障人民健康的医疗卫生服务放在优先发展的战略位置，应着力在区域优质医疗资源扩容和优化布局、创新医防协同机制、医保跨地区异地就医即时结算等共建共享上下功夫。

一、推动医疗服务区域合作

相关部门要统筹成渝两地优质医疗资源布局，推动医疗卫生共建共享，加强智慧医疗、人才培养、科技管理等交流互鉴，提升医疗服务协同创新能力。一是优化两地医疗资源合理配置，即通过组建医联体或专科联盟等方式推动两地有条件的医院加快建立深度合作关系，以陆军军医大学附属医院、重庆医科大学附属医院、四川大学华西医院等为龙头，建立川渝联动的远程医疗系统，为双方患者提供网上咨询预约、远程会诊、健康管理服务等服务内容；加强各级综合医院医学检验结果互通互认，畅通两地转诊的绿色便捷通道。二是健全"互联网+医疗健康"服务体系，即推进两地医疗健康大数据智能化应用，整合区域医疗卫生信息资源，加强"智慧医院"共建共享，推进两地医疗卫生机构共建互联网信息平台；重点依托重庆肿瘤医院、四川省人民医院等推进肿瘤、心血管、慢性呼吸系统疾病等大数据协同应用，推动两地智慧医疗发展；依托人群流动、气候变化和互联网行为等大数据分析，加强两地疾病流行趋势的智能监测。三是建立健全人才培养合作机制，即加强医学院校教育、毕业后教育和继续教育工作交流，共同推进实用型、创新型与复合型人才培养；支持医学研究单位和医疗卫生机构跨地区共享创新平台以及资源库，联合开展多中心临床研究试验和区域伦理审查，协同开展重大疾病防治、前沿医疗技术研究；支持有条件的医院联合创建国家区域医疗中心和国家医学中心。

二、加强基本公共卫生服务合作

相关部门要健全成渝地区双城经济圈公共卫生应急和传染病疫情信息共享机制，加强基层卫生交流合作以及食品安全与风险监测领域协作，助力两地基本公共卫生服务一体化发展。一是健全卫生应急和传染病防控联动机制，即完善重大疫情联防联控、监测预警与重大突发事件应急协同处置机制，加强突发急性传染病疫情信息通报，实现预警信息及时共享，增强两地对疫情信息的掌控能力；轮流组织召开卫生应急联动座谈会和传染病联防联控工作会，联合开展应急演练和技术交流，联合研究防控措施，建立突发事件卫生应急处置协作机制，在应急队伍、专家资源和救援物资上给予协作支持，提高联合防疫能力。二是加强基层卫生各领域交流合作，即积极推动两地基层卫生人员和机构开展互访交流，互派技术骨干进修，加强评审专家队伍建设，加强"优质服务基层行"活动、国家基本公共卫生服务和家庭医生签约服务等交流与合作，深入组织两地基层医疗卫生机构院长交流座谈会等交流活动；协同开展跨区域的食源性疾病事件流行病学调查，联合开展食品卫生安全标准跟踪评价，鼓励开展食品安全学术交流与专题研究，提升食品安全标准与风险监测协作能力。

三、完善医保跨地区结算

相关部门要健全成渝两地跨地区就医业务协同管理机制，强化两地跨地区就医结算业务协同，不断扩大普通门诊费用跨地区直接结算覆盖范围。一是高标准推进医保共享信息平台建设，即加快建立两地一体化医保数据共享平台，打通行政壁垒，实现电子处方、经办数据、异地就医等链上共享；以两地医保数据为基础，利用区块链防篡改的特点，积极开展缴费年限互认试点，探索健全医保缴费年限互认机制；建设基于区块链技术的一体化医保数据共享平台；加强医保大数据预测模型建设，构建面向医疗保障领域的人群数据融合模型和欺诈行为主动发现模型，提升医保信息化服务水平。二是提高成渝两地跨地区就医结算服务水平，即完善异地就医直接结算机制，利用国家医疗保障信息平台建设契机，逐步将异地联网结算定点医院从大中型医院扩展到基层医院，推动条件成熟的地区尽早实现跨地区普通门诊直接结算和药店购药直接结算全覆盖，逐步扩大跨地区就医门诊直接结算业务种类；在基本医疗保险异地就医联网结算条件下，分批实现跨地区门诊业务的直接结算，着力保障经济困难患者"先诊疗，后付费"。

四、推动健康产业协作发展

相关部门要积极推动成渝两地大健康产业资源互补、信息互通，整合两地产业资源，完善产业发展链条，加强协同创新，构建健康产业联盟，合力建设健康产业集群。一是合力培育大健康产业，即支持成渝两地企业共同投资发展生物医药、医疗器械、医养结合等新兴产业，着力推进重庆西部国际医疗城、西部美谷、中国牙谷等产业园区和大健康产业集聚区建设，实现区域共赢发展；加强成渝两地健康产业发展政策交流，积极搭建大健康产业发展论坛等交流平台，联合举办大健康产业博览展览会等展会活动。二是深化中医药创新协作，即加大中医药名师、学科团队合作力度，协同推进中医药临床研究基地、中医药重点研究实验室、中医药重点学科、中医药专科联盟建设，加快在富有巴蜀特色的中医药流派传承、教育科研、医疗技术等领域建立协作机制；加强成都中医药大学和重庆中医药学院合作交流，支持成都中医药大学和重庆中医药学院在人才培养、科学研究、外事交流等方面深化合作，共享研究成果，共建成都中医药大学附属重庆中医药学院等新型中医药机构。

第五节　推动文化体育共建共享

文化体育服务是公共服务的重要组成部分。目前，成渝地区双城经济圈文化体育公共服务协同发展有序推进，但也存在区域、城乡之间公共文化体育资源配置不均衡、刚性公共文化体育服务供给与民众弹性需求错配等诸多问题。进入新发展阶段，立足成渝地区双城经济圈文化体育公共服务发展实际，成渝地区仍需有效整合优势资源，加强互联互通互动，优化文化旅游体育服务设施布局，完善公共服务体系，实现共享共建共荣。

一、加强公共文化共建共享

相关部门要加强成渝地区双城经济圈文化政策互惠互享，共筑西部地区文化发展高地，共同打造巴蜀文化等区域特色文化品牌。一是加强成渝两地文化资源的研究和保护传承，即深入挖掘巴蜀共有的历史记忆和文化渊源，全面开展巴蜀文化和旅游资源普查，深化古蜀文化、巴文化的研究，实施巴文化遗址和蜀文化遗址考古调查与发掘；建立非物质文化遗产保护协调机制，共同推动川剧、川菜、蜀锦、蜀绣、石刻、竹编、夏布等两地同根同源非物质文化遗产项目研究梳理和保护传承。二是共同构建现代公共文化服务体系，即共建文化旅游公共服务平台，提高公共文化馆、图书馆、博物馆数字化建设能力，共同培育"成渝地巴蜀情"区域公共文化品牌，加快实施公共图书馆、重点旅游景区线路"一卡通"等工程；加强巴蜀特藏文献保护研究利用，加强区域文化品牌培育；推动博物馆协同发展，鼓励两地博物馆相互引进特色原创展览，共同策划联合举办展览；

加强两地社会文物管理合作；协同开展公共文化机构和旅游服务中心融合国家级试点，打造巴蜀文化旅游公共服务融合高质量发展示范区。三是建立健全文化旅游合作机制，即积极发挥两地比较优势，通过定期召开专项工作组工作调度会议和联席会议，积极搭建省际交流合作平台；以巴蜀文化、革命文化、长江生态文化等为重点，加快巴蜀文化旅游走廊的打造；充分发挥成渝文化内涵相近、产业形态相似的地域优势，依托成渝"文旅双核"和重要的景区景点，大力开发"文旅+影视""文旅+数字动漫""文旅+主题游乐"等新业态；协同开展两地文化旅游推介，联袂参加国内外文旅会议会展、论坛研讨等活动，充分彰显两地文化旅游新优势。

二、加强体育服务共建共享

相关部门要推动成渝地区双城经济圈跨区域体育设施共建、资源共享、信息互通、项目合作和人才交流培养，共建"成渝体育圈"。一是共建体育基础设施，即推进高规格体育场馆、奥体中心、山地户外运动赛事区、水上运动赛事区、训练基地等体育基础设施建设；加快建设国家南方·连界足球竞训基地；加强新一代信息技术和高新技术手段在体育设施建设领域的应用，共同发展"智慧体育"；积极推动成渝场馆"一卡通"的落实；大力推进体育基础设施标准与国际接轨，打造成渝地区双城经济圈体育发展国际名片。二是共同举办各类体育赛事活动，即合作举办成渝地区双城经济圈马拉松、铁人三项赛、"川渝全民健身城市体能赛"等赛事活动，积极打造群众体育品牌赛事；探索创建成渝地区运动项目联赛，联合打造具有巴蜀味道的自主赛事IP；积极交流办赛经验，开展两地队伍交流赛、邀请赛，互派队伍观摩高水平赛事；推动竞技体育共建共享、联合组建竞技体育参赛队伍参加国内外综合性运动会；共同策划申办国际、国内高水平体育赛事，联合举办重大影响力的综合性运动会。三是积极组建成渝地区双城经济圈体育产业联盟，即整合并挖掘两地体育资源，共同推动成渝地区双城经济圈产业规划衔接和联动发展，推动两地体育赛事联通与文体旅商互动，加强职业体育发展要素沟通联动，整合企业、传媒、金融、信息等资源，共同拓展区域体育产业市场，形成"成渝体育赛事产业链"。

第六节　推动社会保障共建共享

社会保障体系是人民生活的安全网和社会运行的稳定器，也是推动成渝地区双城经济圈一体化发展的基础性工作和重要的民生工程。因此，成渝地区双城经济圈应围绕社会保险、养老服务、住房保障等重点领域，加强统筹协同，完善协作互认机制，推进社会保障共建共享，逐步实现社会保险、住房公积金等顺畅转移接续。

一、推进社会保险服务一体化

相关部门要加快成渝地区双城经济圈社会保障制度的衔接与整合，建立社会保险协同互认机制，统一区域内各类社会保险政策标准、经办服务和信息系统，促进社会保险服务协同。一是推进养老保险关系无障碍转移，即进一步健全成渝两地养老保险关系转移接续机制，加强机关事业单位养老保险、职业年金和城乡养老保险制度业务衔接；推动企业职工基本养老保险关系转移电子化，积极对接国家社会保险公共服务平台，健全两地办理养老保险关系转移时只转关系不转资金机制，积极探索跨地区居住的参保退休人员纳入居住地社区管理服务，实现两地养老保险关系转移办理便捷化。二是建立社会保险协同互认机制，即推进灵活就业人员、新业态新经济平台从业人员和农民工不受户籍限制按规定在两地参加企业职工基本养老保险享受同等待遇；推动失业保险参保关系及参保年限两地互认，推动失业保险技能提升补贴发放信息协查，顺畅失业保险关系转移接续；积极开展工伤认定事故委托调查，互认调查结果；推动工伤医疗康复协议服务机构、劳动能力鉴定结论和养老、失业、工伤保险待遇领取资格认证结论互认；加强社会保险领域诚信体系建设，实现信息共享和联合惩戒。三是加快实现成渝两地社保服务"一卡通"，即推进建立以社保卡为载体的"一卡通"服务管理模式，加强社会保险公共服务平台对接、系统连接、数据共享，利用多种信息技术手段，协同开展生存认证，加强社保卡、电子社保卡跨区域协同、跨地域服务及共享应用。

二、推进养老服务协作发展

相关部门要推进成渝两地养老服务协同发展，加强制度衔接和资源共享，破除养老服务发展障碍，激发养老服务市场活力，促进两地养老基本服务均衡化。一是加强两地养老制度衔接互补，即加强养老医疗、低保、救助、慈善和相关扶持政策研究，推进两地在财政支持、医疗服务、人才培养、金融扶持、民政监督等方面的协同合作，加快形成完整、有效的政策扶持体系，充分发挥政策在养老项目、资金、资源配置及相关软硬件建设上的支持作用。二是共同提高养老公共服务水平，即积极推动成渝两地医疗资源对接互享，加强养老资源互通共享，鼓励养老领域高端医疗资源、养老机构康养服务资源合理流动，共同加大居家养老、社区养老服务网点建设力度，整体提升养老设施功能和养老公共服务资源配置效率；根据老年人精神文化需求，加强养老配套设施建设，共同成立面向成渝两地的养老护理人才职业技能培训机构，加强养老护理和服务人才供应基地建设。三是健全区域内养老服务协作协商机制，即加强行业管理部门沟通，建立成渝两地统一的养老服务设施建设和管理服务标准，统筹规划养老产业布局，开展区域养老一体化试点，促进区域养老资源共享；建设区域养老服务信息管理统一平台，合作开展养老机构星级评定、服务质量监测评价，两地养老机构资质、人员从业资质互认；共同探索建立养老服务定期协作协商机制、养老服务补贴异地结算制度、养老服务机构红黑名单制度、养老服务统计制度等共建对接合作机制。

三、推动住房保障合作共享

相关部门要加快完善成渝两地住房保障体系，健全住房保障常态化协作机制，加强租住管理刚柔并济，充分释放住房保障共建共享的政策红利。一是推动成渝地区双城经济圈住房保障信息互联共享，即探索建设成渝两地房地产展示平台，积极开展异地互助公开对方城市的公租房保障政策、申请渠道、房源情况等信息，实现跨地区房地产项目和房源信息共享；共同推动公租房保障范围常住人口全覆盖，推动各地公开保障政策，畅通租赁申请渠道，共享互认信用信息，积极开展异地网上受理申请，实现两地居民互享与本地市民同等的住房保障待遇。二是健全住房公积金协同发展长效机制，即推进川渝两地住房公积金缴存及转移接续共享互认，健全两地住房公积金缴存、提取、贷款、信用信息、服务渠道共享机制，以及房产、婚姻状况等信息协查机制，深入推进两地互认互贷，实现公积金贷款"一地办"，确保申请异地贷款职工与所在地职工享有同等权益；积极探索研究跨区域住房公积金政策的差异性和协同性、研究住房公积金支持住房租赁市场发展等长期政策。

第六章 成渝地区双城经济圈公共服务共建共享对策建议

第一节 加强顶层设计，强化公共服务共享制度保障

成渝地区双城经济圈要建立健全成渝公共服务法规体系，突出规划引领作用，构建由政府主导、企业和社会组织共同参与的跨区域协调机制。一是制定成渝地区公共服务法律细则或条例，即由川渝两地人大牵头，制定基本公共服务准入标准、服务供给模式、政府职责、监管机制、公众权利与义务等细则，确定公共服务的范围、清单和标准，做到有法可依、有章可循。二是构建跨地区多元协调运行机制，即由川渝两地有关领导任负责人，市（区、县）及省直属相关部门负责人任成员，建立公共服务共建共享发展委员会，以具体项目为抓手，统筹协调、整体推进相关工作，确保各项建设任务落到实处；完善社会参与机制，鼓励社会资本参与成渝地区双城经济圈公共服务建设与运营，汇聚形成共同参与的强大合力。三是发挥规划引领作用，即按照成渝地区双城经济圈"1+N"规划政策体系要求，加快编制《成渝地区双城经济圈公共服务共建共享规划》，明确各地区公共服务共建共享的总体要求、基本原则、重点任务、政策举措和组织实施，明确工作目标、责任单位和政策路径。四是加强与国家重大战略政策衔接，即以成渝地区双城经济圈公共服务专项规划编制为契机，推动成渝地区双城经济圈公共服务规划与国家规划对接，争取川渝两地乃至国家层面给予政策及资源支持，布局一批重大功能平台、重大项目，从而自上而下形成合力。

第二节　创新供给机制，提升公共服务供给效率质量

成渝地区要加快推动两地公共服务协同发展，探索政府、企业、非营利组织、公民个人等共同参与的多元化供给发展模式，不断优化区域内公共服务资源配置，促进优质公共服务资源在区际高效自由流动，促进成渝地区双城经济圈公共服务共建共享水平逐步提升。一是建立权责利相匹配的公共服务供给机制，即根据不同领域公共服务的特征与属性，进一步理清中央、川渝两省市、毗邻市（区、县）在公共服务一体化方面应享有的权利和承担的责任，形成事权与财力相匹配的供给机制，增强政府提供公共产品的能力。二是提升公共服务供给效率，即加快推进公共服务市场化改革，创新公共服务供给模式，尝试采取政府和市场互补的方式构建供给竞争机制；通过招投标、财政补贴、特许经营、贷款贴息、合同承包、投资补助、税收优惠等方式，引导民营企业、社会非营利组织等参与公共服务供给，形成多元化供给新格局，提升公共服务供给的灵活性。三是注重公众的需求和偏好，即坚持以人民为中心的发展理念，改变"官本位"思想观念，以人民群众对公共服务需求为导向，建立与人民群众平等的沟通机制，让人民群众积极参与公共服务规划的制定和评价，从而促进基本公共服务布局配置不断优化。

第三节　推动试点先行，逐步缩小区域公共服务鸿沟

推进成渝地区双城经济圈公共服务共建共享是一项长期而艰巨的系统工程，这决定了其实现路径应发挥试点区域示范带动作用，分步骤、分阶段地有序推进，率先在某一领域取得突破。一是建立川渝毗邻地区基本公共服务综合改革试点，即选择川渝高竹新区等川渝毗邻地区合作平台先行开展试点，以教育、医疗为引领，以项目为载体，探寻毗邻地区公共服务一体化发展路径；设立统一的基本公共服务政策体系、服务标准和服务类型，加强对项目运行质量和效率进行评价，率先实现社会政策对接和基本公共服务共建共享，打造成为跨省市公共服务一体化发展的川渝样板。二是设立基本公共服务重点示范项目，即把共建共享的公共服务重点项目优先纳入保障范围，选择民众最期待、现实最紧迫的项目优先推进，明确重

点项目的推进目标和方式。三是注重对各类涉及制度创新内容的试点，即注重完成各类涉及创新制度的改革任务，加强公共服务一体化的制度相关内容的试点，包括公共服务领域行政区与经济区适度分离改革、需求管理制度、合格供应商制度、政府投资后续管理制度、服务资源共建共享机制等。四是及时追踪评价复制推广经验，即不断探索毗邻地区统筹合作机制，及时追踪公共服务一体化发展中出现的新情况、新问题，对不符合资源优化配置的相关法律法规及时按程序推动调整完善，将促进一体化发展的体制机制及时在成渝地区双城经济圈及西部地区推广应用。

第四节 促进标准对接，建立公共服务信息共享平台

成渝地区要促进两地数据共建共享和平台互联互通，推动公共设施建设和服务标准对接统一，提升区域政务便利化、标准化服务水平。一是推动建设和服务标准统一，即以毗邻地区为重点推动学校、卫生院、文体活动室、养老服务中心等各类公共服务设施标准化建设；以教育考核标准、人才评估标准、护理分级标准、社会救助标准、医疗报销标准等为重点，加快推动毗邻地区公共服务标准对接统一。二是推动政府之间的数据开放对接，即探索建设成渝地区双城经济圈公共服务数据共享清单，实现数据标准化、清单化、集成化管理；推动数据资源体系架构对接统一，促进数据平台全方位对接；建立健全公共服务数据跨区域开放制度，明确制定数据开放计划时间表，有序推进建设成渝地区双城经济圈统一的公共服务政务数据资源开放共享平台。三是推动"渝快办"和"蓉易办"联网互认，即梳理"同城化无差别"受理事项清单，推动"渝快办"和"蓉易办"两大平台开设通办事项专门窗口，就企业搬迁、人口迁移、社保转续、异地就医结算等高频受理事项开辟审批服务"绿色通道"，实现两地群众和企业公共服务事项"异地可办"。

第五节 强化财政保障，建立财政投入协同增长机制

成渝地区要积极争取上级财政支持，持续优化内部支出结构，通过"三个倾斜"保障两地公共服务投入协同增长。一是争取中央公共服务投入向川渝倾斜，即鉴于基层政府财力普遍较弱的现实状况，积极争取中央

加大民生投入力度，重点向川渝毗邻薄弱地区、民生短板领域倾斜，建立财政保障机制，确保各级财政转移支付用于公共服务的资金只增不减。二是推动财政投入向公共服务领域倾斜，即合理划分各级政府关于各类公共服务支出责任，平衡经济产业领域、城市建设领域和公共服务领域的财政投入结构，着力摆脱以往的重"面子工程"、轻公共服务的泥潭，增加公共服务供给和相应领域财政投入。三是公共服务投入重点向一体化项目倾斜，即在保障各地基本公共服务供给的前提下，合理增加促进公共服务一体化的事项支出，重点打造公共服务一体化平台，加快促进双方公共服务办理程序和标准对接衔接，着力推动川渝共建的重大项目，密切开展公共服务领域技术和人才培训交流活动。

第六节　争取国家支持，推动公共服务改革先行先试

成渝地区要聚焦教育、医疗、文化体育等重点领域，争取国家支持实施一批重大政策、重大改革举措，布局一批重大项目、重大平台，助推成渝地区双城经济圈公共服务共建共享。一是支持在教育体制改革方面先行先试，即支持成渝地区双城经济圈建设国家产教融合创新示范区，培育一批产教融合型企业，推进一批产教融合重点项目，在产教融合规划、政策、资金等方面给予倾斜支持，提升教育支持经济社会发展能力；共同争取将"双一流"培育建设学科的地方直属高校纳入国家教育现代化推进工程中央预算补助范围，对地方直属高校创建"双一流"给予专项培育经费支持。二是支持完善医疗卫生体系，即支持川渝两省市创建儿童、口腔等国家医学中心和创伤、肿瘤等区域医疗中心，打造一批区域中医医疗中心、临床医学研究中心，建设西部医学高地，增强面向东南亚沿线国家的辐射能力；支持建设国家应急救援基地，共建突发公共卫生事件应急防控指挥中心、医疗物资储备中心、演练培训中心，建设国家区域疾病预防治疗中心和生物安全三级、四级实验室。三是共同争取和承办一批有影响力的国际国内赛事，即共同争取打造西南地区高标准的足球、田径、射击、攀岩、举重、羽毛球、跳水、足球、篮球等项目的训练基地和专业比赛场地。

第二篇

专题研究

专题一　川渝毗邻地区公共服务
一体化发展动能研究

　　当前，公共服务已成为影响人口流动的重要因素，人民群众对教育、医疗、文化等优质社会服务的需求，已成为城市发展和区域发展的重要驱动力，也是促进区域一体化发展的重要动能。成渝地区要加快推动经济联系紧密、人口往来密切的毗邻区域公共服务一体化布局发展，进而彻底突破人才、资金等各类要素资源在区域内自由流动的瓶颈，既是满足人民群众高品质生活需求的必然举措，也是促进区域经济一体化的基础保障，更是推动区域协调发展的根本所在。

　　川渝毗邻地区是深化川渝合作、推动成渝中部加速"崛起"的核心载体，也是加快探索经济区和行政区适度分离，推动成渝地区双城经济圈打造高质量发展重要增长极的重要支撑。围绕川渝万达开（万州、达州、开州）地区统筹发展示范区、川南渝西融合发展示范区、明月山绿色发展示范带、革命老区振兴发展示范区、广安—渝北高滩茨竹新区、环重庆主城都市区经济协同发展示范区、遂宁—潼南一体化发展先行区、资阳—大足文旅融合发展示范区、内江—荣昌现代农业高新技术产业示范区、泸州—永川—江津融合发展示范区十大区域发展功能平台实际需求，加快培育川渝毗邻地区公共服务一体化发展动能，不断增强一体化发展内生动力，对于提升毗邻地区城乡居民安全感、幸福感和获得感，加快推动毗邻地区一体化融合发展，助力成渝地区双城经济圈建设具有重大意义。

　　本书所指的毗邻地区包括四川和重庆相邻的市（区、县）。其中，重庆范围涵盖渝北、合川、潼南、铜梁、大足、荣昌、永川、江津、长寿、梁平、万州、开州、垫江、城口14个区县，四川范围涵盖达州、广安、遂宁、资阳、内江、泸州6个市下辖的万源市、宣汉县、开江县、达川区、大竹县、邻水县、华蓥市、岳池县、武胜县、蓬溪县、船山区、安居区、安岳县、东兴区、隆昌市、泸县、合江县17个县级行政单元。

第七章 公共服务一体化发展动能理论分析

第一节 公共服务一体化发展内涵

目前，学术界和政府文件中对公共服务的定义和内涵界定尚不统一。2017年，国务院发布的《"十三五"推进基本公共服务均等化规划》中，对基本公共服务的内涵和外延做了明确界定，即按照服务领域，公共服务可划分为公共教育、劳动就业创业、社会保险、医疗卫生、社会服务、住房保障、公共文化体育和残疾人服务8个领域81项基本公共服务。一般来说，公共服务是面向公民提供的用于满足其共同需要的公共产品和服务，它具有公众性、公用性和公益性等特征，主要包括三个方面的内容：一是为保障人类基本生存权而提供的基本服务，涵盖基本就业保障、基本养老保险、基本生活保障等；二是满足基本尊严和基本能力的服务，包括基本的教育和文化服务；三是满足基本健康的需要而提供的服务，主要包括公共卫生和基本医疗服务。

随着经济社会发展和区域经济分工以及人民生活水平的提高，公共服务的范围会逐步扩展，公共服务的跨行政区协同需求会逐步增大，由此催动了公共服务向一体化方向发展。公共服务一体化既是一个过程，也是一种制度安排，是为实现不同行政区划范围或不同群体公共服务均等化而设计的一系列制度或规则体系。具体来说，公共服务一体化就是通过人、财、物等各类资源在一定空间范围内合理布局，建立跨区域资源共享机制，基本实现跨地区在公共教育、劳动就业、卫生医疗、养老服务等公共资源配置的大体均衡，进而实现特定空间范围的全体社会成员均等享有同等配置的公共服务供给。

归结起来，公共服务一体化本质上是跨区域公共服务资源的再分配与公共服务供给体制的重组，是通过政府深化改革和制度设计，建立和完善教育、医疗卫生、就业创业、住房保障等领域内的制度体系，从而保障公民享有均等机会和统一品质公共服务权利的过程。在制度层面上，公共服务一体化主要体现在跨地区、跨部门的政策协同和制度对接；在外在表现上，公共服务一体化主要包括设施共建、服务共享、标准互认、信息互联、结算互通等方面。

第二节　公共服务一体化发展动因

服务人口抑或是人力资源，既是公共服务的对象和受众，也是公共服务资源配置首要考虑的因素。我国改革开放以来的实践，既是城镇化发展的过程，也是人口向城市或城市群集聚的过程。近年来，随着我国经济由投资驱动为主转向创新驱动为主，城市化发展逻辑也由"人口跟着产业和资本走"逐步向"产业和资本跟着人才走"转变，公共服务水平和质量就成为当下人口流动和集聚的"风向标"，也逐步成为经济发展质量和区域协同水平的重要体现。

一、公共服务一体化是区域一体化发展的重要路径

区域一体化是区域经济发展的必然趋势，也是不同行政单元和经济单元之间细化分工、提升经济运行效率和资源利用效率的必然举措。区域一体化一方面体现为区域内不同城市之间经济发展要素的流动、经济市场的融合；另一方面体现为跨区域政府合作，通过打破行政区域壁垒，从而建立和完善跨城市区域合作体制机制。在区域经济一体化发展过程中，通过工业园区或产业布局来集聚人才的发展模式导致了诸如职住分离和城市服务供给难度加大等难题，引发了区域人才、资金、技术等吸引力下降，经济发展动力减弱等问题。区域发展模式也逐步转变为产业和资源随着人才流动而集聚的新型发展模式。公共服务一体化作为促进要素高效自由流动的重要因素，是区域经济一体化和空间一体化的重要体现和重要表征。抓好以教育、卫生、科技、卫生、体育、就业等领域为核心的公共服务一体化这个关键的"牛鼻子"，提升公共服务质量和供给水平，既有利于加快吸引更多优秀人才等资源集聚，继而集聚产业，推动区域协同化、一体化

发展，也有利于逐步破除区域之间公共服务差距，减少人口因服务标准不一、服务质量各异等引起的过度流动，有效解决职住分离问题。

二、人力资源是现代经济稳定增长的动力源泉

人力资源是国家综合国力的重要体现，也是经济高质量发展的第一资源和第一要素。人力资源是凝聚于人体之中的具有经济价值的知识、技能、熟练程度和健康状况等质量因素之和，即人的劳动能力和素质。人力资源对经济发展的推动作用取决于人口的质量和配置效率。通常来讲，人口可通过对教育、职业培训、实践经验、迁移、医疗保健等方面的投资，进而成为推动经济社会发展的核心力量。人力资源在现代化经济体系中居于核心地位，是撬动技术资本、知识资本等的首要资源，是最重要的起决定性作用的资源。其一，人力资源是提高劳动生产效率和投入产出率的关键。在物质条件一定的情况下，更熟练的生产技能可以提高物质资本的有效利用率，减少资源的浪费。有效的人力资本能够发现更合适的工艺流程，提高资本的产出率；能够建立和适应新的管理模式和生产组织形式，促进生产效率的提高。其二，人力资源是推动科技进步的源泉。在知识经济与经济全球化的背景下，人力资源既是引进吸收和消化先进科学技术成果的中坚力量，又是自主创新、进行研究与开发的主体，更是增强技术应用效率、形成技术进步持续推动力的关键。利用技术创新，我们可以逐步摆脱劳动密集型生产模式的路径枷锁，全面提升劳动生产率，为经济发展提供持续动力和竞争力。其三，人力资源是促进产业结构优化的保证。有效的人力资源积累会形成对物质资本的聚集效应，使人力资源与其他资源在数量上和质量上都趋于和谐；同时，因其"合适""有效"的知识技能而具备较大的就业弹性和较强的产业转换与适应能力，为产业结构调整的顺利推进提供有力保证。其四，人力资源是减缓经济波动、促进经济高质量发展的"稳压器"。利用人力资源边际报酬递增的特性，可保障经济增长得以延续，防止大起大落，促进经济平稳健康发展；同时，以消费为基本表现形式的人力资源生产和再生产过程有助于改善总量需求结构，从而减弱经济波动。

三、提升人口素质是公共服务供给的基础功能

在人口老龄化、人口流动放缓的背景下，人口红利逐步减弱甚至消

失，导致依赖劳动密集型产业驱动经济增长的历史发展模式难以持续。这就意味着经济增长必须从依赖劳动力驱动转变为依托人力资本驱动，只有实现从劳动力驱动向人力资本驱动的转变，才能重塑经济增长的内生动力。由此，提升人口身体素质、受教育水平和发展质量，就成为激发人力资本红利、保障经济社会健康稳定发展的关键之举。公共服务最基础、最本质的功能，是满足居民生活必需的教育服务、医疗卫生、劳动就业、文化体育、社会保障等方面的需求，从而整体提升人口基本素质和发展质量，为经济发展提供不竭动力。其一，教育服务是激发人力资本红利的重要渠道。基础教育的快速推进，在优化区域教学资源的同时，也提升了区域整体教育质量，促进了人力资本的积累。职业教育、高等教育不但培养和造就了各类人才，也全方位地加速了教育体系的现代化建设，为释放人力资本红利提供了平台。其二，医疗卫生服务是提升身体素质、延长工作时间的重要保障。医疗卫生条件的改善，短期内可以延长人口寿命，改善居民健康状况和生产能力，长期则有利于提升人力资本积累的效率，创造更多健康消费需求；同时，降低医疗费用，可以提升医疗保障程度，减少用于健康的支出，增加老龄化人口度假、旅游和养生等健康需求。其三，劳动就业、文化体育及社会保障等服务一体化推进是有效解决居民后顾之忧、增加社会财富的有效手段。一体化公共服务环境建设，有效保障了居民就业权利，降低了生活风险，不仅能直接提升居民的生活水平和福利水平，长期内更有利于促进人的全面发展和人力资本红利的充分释放。

四、公共服务一体化是促进要素自由流动的根本保障

我国行政区划体制及其背景下的地方政绩考核方式一方面极大地激发了地方政府发展的自主性和积极性，另一方面也造就了制约人才等要素资金自由流动的行政壁垒，对区域经济一体化发展形成了多方掣肘。而公共服务一体化进程则会在很大程度上营造区域之间公平教育、医疗、社保、就业的发展环境，从而促进要素自由流动，形成区域一体化高质量发展格局。一体化的公共服务对要素自由流动的作用体现在三个方面：一是减缓甚至消除区域"服务虹吸"效应。由于区域经济发展水平差异，区域之间公共服务资源分布会出现"集聚"现象，进而对周边区域形成"虹吸"效应，公共服务资源分配和网络体系会出现明显差异。而公共服务一体化建设，会进一步减小公共服务的"虹吸"效应，使居民在不同区域内可享受统一标准、同等质量的公共服务。二是减少人口"候鸟式""钟摆式"流动对社会资源的消耗。区域发展差距和城乡二元户籍壁垒，导致"半城市化""半市民化"问题突出，出现人口在区域之间、城乡之间"候鸟式""钟摆式"流动，使得公共服务资源的有效供给不足和"阶段性""区域性"过剩并存，公共资源配置和城市治理难度增大。一体化公共服务不但有利于缩小区域之间公共服务差异，有效解决城市职住分离问题，也有利于解决人口无效流动带来的资源消耗和诸多社会问题。三是有利于形成要素自由流动的区域市场。促进生产要素的自然流动，建设区域一体化大市场，是推动区域经济一体化高质量发展的内在要求。区域统一大市场的构建，需要的不只是交通、能源等硬件基础设施，更重要的是打破阻碍区域之间货物和生产要素即劳动力和资本流动的体制性因素和人为因素。一体化公共服务体系的建设，有利于加快以人为核心的要素自由流动，进而带动土地、资本、技术进步和制度创新等一体化建设，打破行政壁垒，降低社会运营成本，促进要素跨区域自由流动，为经济一体化发展创造持久动力。

五、高品质公共服务是吸引人口集聚的关键动因

高品质的公共服务一般表现在四个方面：一是覆盖广泛、不留服务"死角"。公共服务覆盖全部的目标人员，既包括常住居民，也包括规则流动或不规则流动人口，服务"死角"全面消除。二是水平适度，具有可持续性。高品质的公共服务应该与当地经济发展阶段相适应，且具有一定的超前性。三是地域均衡，质量品质相当。缩小区域之间的服务水平差异，是公共服务一体化高质量发展的应有之义。在一定空间范围内，公共服务"虹吸"效应较弱，具有统一标准、同等品质等突出特征。四是方式现代，服务精准。能够通过现代化、智能化、大数据等现代信息化技术提升公共服务的供给能力和保障水平，对覆盖人口提供精准化服务，是满足人民群众高品质生活需要的重要保障。

一般来说，高品质的公共服务对吸引人口集聚主要表现在三个方面：其一，产业的发展水平和就业机会是吸引人口集聚的核心。高品质公共服务供给一般会伴随着较高的产业发展水平和提供发达就业机会的能力，这也是为人口集聚提供的前提条件。其二，人民群众对品质公共服务需求日益增长是人口集聚的关键。特别是人们更加注重子女的求学质量和身心健

康，使其更加倾向于在高品质公共服务集聚的区域集中，由此高品质教育资源、医疗卫生资源、文化体育资源等是吸引子女就学陪读和就医陪护等人口集中的主要因素。其三，住房条件和收入水平同样是人口集聚的重要影响因素。高品质公共服务的供给，涵盖着住房条件与收入水平的大致匹配，较高的收入和较低可承受的房价，对人口的集聚有极强的吸引力。

第八章 川渝毗邻地区公共服务一体化发展现状分析

第一节 川渝毗邻地区基本情况

川渝毗邻地区地处四川盆地中部丘陵地区，涵盖重庆14个区县和四川6个地级市下辖的17个县市，辖区面积达11.19万平方千米，占川渝两地总面积的19.69%。2019年，川渝毗邻地区常住人口达2 591.06万人，占川渝两地常住人口总量的22.53%；户籍人口达3 106.57万人，占川渝两地户籍人口总量的27.02%；常住人口城镇化率为51.52%。

川渝毗邻地区地理位置良好，"重庆核"区位优势明显。川渝毗邻地区所辖区域内有明月山、华蓥山、缙云山等多条山脉，森林覆盖率高，植被优良，河流湖泊湿地资源丰富，生态风景秀丽，环境良好。从空间位置来看，川渝毗邻地区更靠近成渝地区双城经济圈中的"重庆核"，更容易接受重庆辐射和带动。

川渝毗邻地区四川范围经济总量较大，重庆人均GDP领先。2019年，川渝毗邻地区实现地区生产总值22 566.6亿元，占川渝两地地区生产总值的32.14%，其中重庆14个区县实现地区生产总值23 605.8亿元，占川渝毗邻地区总量的41.17%，占重庆市的40.5%；四川6个地级市下辖的17个县实现地区生产总值13 275.01亿元，占川渝毗邻地区总量的58.83%，占四川省的19.2%。从GDP增长速度来看，川渝毗邻地区有16个市（区、县）GDP增速超过全国6.1%的增速，其中增速排名前五的地区均在重庆辖区内，分别是荣昌区（9.1%）、永川区（9.0%）、合川区（8.9%）、长寿区（8.8%）、江津区（8.6%）；四川各市增速差距较小，均位于全国中游水平。从人均GDP衡量经济发展水平来看，2019年人均GDP川渝毗邻的重庆地区为 66 967 元，而四川地区为 10 663 元，都落后于全国平均 70 829 元的水平。2019 年川渝毗邻地区人均 GDP 增速情况见图 8-1；2019 年川渝毗邻地区人均 GDP 增速情况比较见图 8-2。

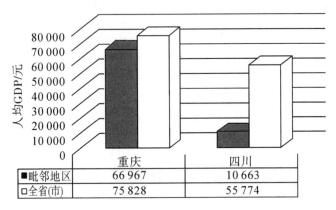

	重庆	四川
■毗邻地区	66 967	10 663
□全省(市)	75 828	55 774

图 8-1　2019 年川渝毗邻地区人均 GDP 增速情况

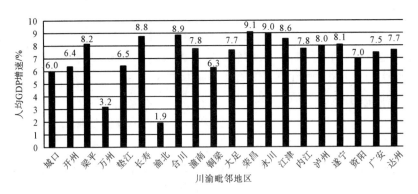

图 8-2　2019 年川渝毗邻地区人均 GDP 增速情况比较

川渝毗邻地区产业结构相似，城镇居民收入水平普遍低于全国平均水平。2019 年，川渝毗邻地区三次产业增加值的占比分别是 10∶44∶46，其中毗邻的重庆地区三次产业增加值占比是 8∶46∶46，四川地区是 13∶41∶46，三次产业结构相似。根据发达国家服务业增加值占比在 70%~80% 的水平来看，川渝毗邻地区服务业占比均不高。在城镇居民收入方面，2019 年，川渝毗邻地区 31 个市（区、县）中除渝北区（42 749 元）外，其余地区城镇常住居民人均可支配收入都低于全国 42 359 元的平均水平，有 11 个地区高于四川 36 154 元的平均水平，其中位于前五位的是渝北区（42 749 元）、万州区（40 171 元）、永川区（40 093 元）、江津区（39 600 元）、荣昌区（38 362 元），均位于重庆。农村常住居民人均可支配收入普遍高于全国平均水平，2019 年，川渝毗邻地区 31 个区（县）农村居民人均可支配收入平均值为 16 484 元，其中有 20 个区县高于全国 16 021 元的平均水平。2019 年川渝毗邻地区居民人均可支配收入情况见图 8-3；2019 年川渝毗邻地区三次产业增加值占比情况见图 8-4。

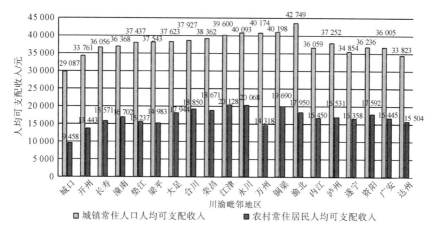

图 8-3　2019 年川渝毗邻地区居民人均可支配收入情况

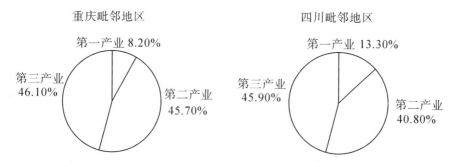

图 8-4　2019 年川渝毗邻地区三次产业增加值占比情况

第二节　川渝毗邻地区人口情况

从人口总规模来看，川渝毗邻地区重庆人口规模不断扩大，川渝毗邻地区四川人口规模逐步减少。近年来，川渝毗邻地区（重庆）常住人口和户籍人口呈现持续增长态势，且常住人口增速明显快于户籍人口。2015—

2018 年，川渝毗邻地区（重庆）常住人口由 1 194.27 万人增至 1 236.54
万人，年均增长 1.18%；户籍人口由 1 402 万人增至 1 419 万人，年均增长
0.4%。近年来，川渝毗邻地区（四川）常住人口和户籍人口呈现缓慢下
降趋势，户籍人口下降速度快于常住人口。2015—2018 年，川渝毗邻地区
（四川）常住人口由 1 216.45 万人降至 1 211.8 万人，年均下降 0.13%；
户籍人口由 1 571.1 万人降至 1 543.8 万人，年均下降 0.58%。2015—2018 年
川渝毗邻地区常住人口及户籍人口变化情况分别见图 8-5 和图 8-6。

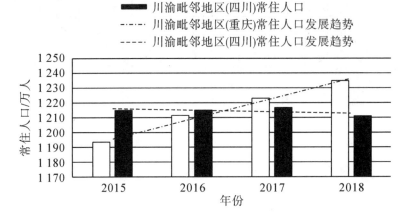

图 8-5　2015—2018 年川渝毗邻地区常住人口变化情况

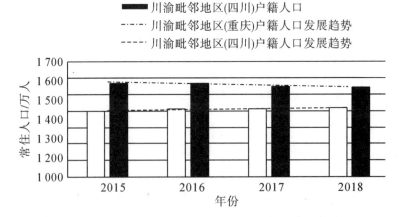

图 8-6　2015—2018 年川渝毗邻地区户籍人口变化情况

从人口城镇化情况来看，人户分离问题突出，常住人口城镇化发展水平远高于户籍人口，且差距逐步扩大。近几年，随着机会成本增大，农民进城落户意愿明显下降，导致户籍人口城镇化步伐放缓，与常住人口城镇化发展差距逐步拉大，由 2015 年的 15.8 个百分点扩大至 2018 年的 16.2 个百分点。相较而言，川渝毗邻地区重庆所属区县城市功能相对完善，产业发展更有活力，对人口吸引力更强，整体城镇化发展质量与水平高于四川。2018 年，毗邻地区（重庆）常住人口城镇化率为 62.4%，高于四川 15.6 个百分点；毗邻地区（重庆）户籍人口城镇化率为 48.9%，高于四川 19.3 个百分点。2015—2018 年川渝毗邻地区城镇化率变化情况见图 8-7。

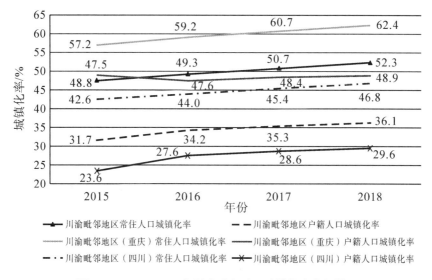

图 8-7　2015—2018 年川渝毗邻地区城镇化率变化情况

从人口流向来看，川渝毗邻地区是人口净流出区域，但人口回流趋势明显。经济势能是影响人口流向的决定因素。相较于成渝"双核"及东部沿海发达地区，川渝毗邻地区经济规模小，收入水平低，公共服务设施不完善，吸引集聚人口能力不强。除了渝北、永川等成渝"双核"和支点城市人口集聚态势明显外，其他城市人口外流严重。近年来，随着经济社会快速发展，城市公共服务配套不断完善，常住人口规模与户籍人口差距在逐步缩小。2018 年，川渝毗邻地区人口净流出 514.8 万人，较 2015 年减少 47.6 万人，人口回流态势明显。2018 年川渝毗邻地区各区县常住人口情况和户籍人口情况见图 8-8；2015—2018 年川渝毗邻地区各区县净流出人口情况见图 8-9；2015—2018 年川渝毗邻地区净流出人口总体情况见图 8-10。

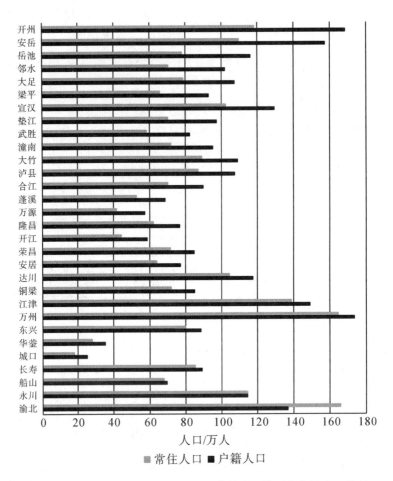

图 8-8　2018 年川渝毗邻地区各区县常住人口情况和户籍人口情况

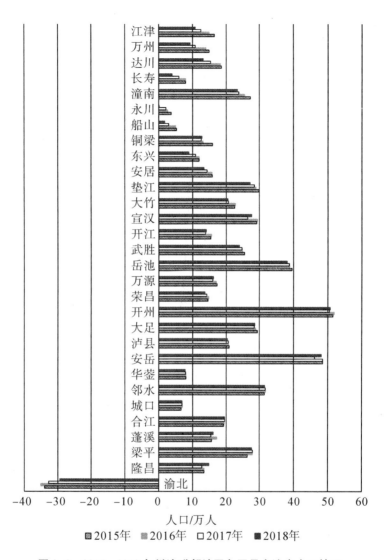

图 8-9　2015—2018 年川渝毗邻地区各区县净流出人口情况

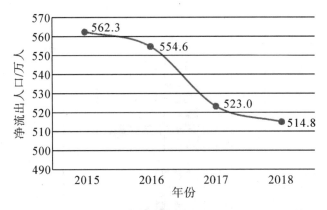

图 8-10　2015—2018 年川渝毗邻地区净流出人口总体情况

从人口迁移情况来看，毗邻地区从四川迁入重庆的人口较多，迁入人口以外出务工、求学的中青年为主，就业、教育、医疗等特色功能成为吸引特定人群集聚的重要因素。教育和医疗是人口集聚的主要拉动力，特别是职业教育发挥着更重要的作用，如万州、永川、合川、江津等作为职业教育大区，外来人口大量流入，显示出极强的人口集聚能力。近年来，毗邻地区周边区县来万州就业、就学、就医、购房、旅游的人数大幅增加，并逐渐形成集聚趋势。2017—2019 年，万州外来人员达 10.9 万人，其中迁入登记户口人员达 1.8 万人。永川现有 15 所职业院校，集聚了 3 万名职教学生，其中 45% 来自四川、贵州等地区；有 3 家甲级医院，其中重庆医科大学附属永川医院 40% 以上的住院病人来自周边区县。2019 年，江津迁往泸州有 433 人，泸州迁入江津落户有 488 人；江津迁往合江有 1 156 人，合江迁入江津落户有 2 925 人。

总体来看，川渝毗邻地区（重庆）人口拥有四大优势：一是人口保持平稳增长。2020 年，川渝毗邻地区（重庆）常住人口达到 1 309.12 万人，较 2010 年增长 114.41 万人，年均增长 0.95%。二是人口素质显著提高。川渝毗邻地区（重庆）人口平均受教育年限由 2010 年的 9.08 年提高至 2020 年的 9.51 年，每 10 万人拥有大学文化程度的人数由 2010 年不足 8 000 人上升至 2020 年的 13 809 人。三是城镇化进程明显加速。川渝毗邻地区城镇人口、城镇化率分别由 2010 年的 597.39 万人、50% 提高至 2019 年的 805.65 万人、65.18%，城镇化水平远高于毗邻地区（四川）的县。四是经济相对活跃地区人口集聚效应显著增强。近年来，渝北、永川等经济发展强区的城市公共服务配套设施不断完善，持续吸引人口集聚。2019年，渝北常住人口达到168.35万人，比户籍人口多26.3万人；永川常住人口超过户籍人口，人口回流态势明显。

第三节　川渝毗邻地区公共服务情况

近年来，特别是成渝地区双城经济圈战略实施以来，川渝毗邻地区依托各自发展基础和资源禀赋，在医疗卫生、文化体育、住房保障等领域共建共享力度不断加大，公共服务一体化发展势头良好。

一、公共教育事业快速发展

川渝毗邻地区围绕基础教育、职业教育等领域，加快推动教育资源协同布局，加快提升区域公共教育事业服务水平。

一是川渝毗邻地区基础教育数量优势明显。川渝毗邻地区小学和普通中学的数量约占川渝地区总数的29.6%，其中小学有2 961所，占川渝地区总数的34.49%；普通中学有1 247所，占川渝地区总数的22.22%。川渝毗邻地区小学和普通中学的在校人数分别为147.58万人和176.83万人，占川渝地区中小学在校总人数的19.57%和23.21%，基础教育的数量优势较为明显。2019年川渝毗邻地区小学和普通中学的数量及在校人数情况见表8-1。

表8-1　2019年川渝毗邻地区小学和普通中学的数量及在校人数情况

地区	普通中学		小学	
	学校数量/所	在校人数/万人	学校数量/所	在校人数/万人
渝北区	46	6.78	82	11.45
合川区	34	5.86	110	6.83
潼南区	21	3.79	92	4.63
铜梁区	22	4.77	61	4.53
大足区	31	5.57	167	7.26
荣昌区	20	4.02	120	4.56
永川区	35	6.40	124	7.95
江津区	43	7.19	99	8.13

表8-1(续)

地区	普通中学		小学	
	学校数量/所	在校人数/万人	学校数量/所	在校人数/万人
长寿区	30	3.36	60	3.41
梁平区	33	4.64	71	4.91
开州区	63	9.05	96	10.13
垫江区	19	5.44	75	4.79
城口县	9	1.48	41	1.94
达州市	—	—	—	—
万源市	36	2.87	211	3.67
宣汉县	69	6.60	455	9.20
开江区	28	2.76	146	3.37
达川区	76	6.71	188	6.45
大竹县	51	5.72	154	6.60
广安市	—	—	—	—
邻水县	60	2.30	33	5.65
华蓥市	22	1.54	14	2.29
岳池县	67	4.22	55	5.70
武胜县	51	3.22	51	3.86
遂宁市	—	—	—	—
蓬溪县	30	1.74	28	2.62
船山区	31	3.99	36	5.26
安居区	27	2.19	42	2.90
资阳市	—	—	—	—
安岳县	91	7.20	43	8.14
内江市	—	—	—	—
东兴区	31	2.94	52	4.38
隆昌市	30	3.75	56	4.39
泸州市	—	—	—	—
泸县	56	7.30	37	6.42
合江县	25	5.90	75	6.46

二是产教融合发展趋势明显。川渝毗邻地区的四川下辖市在职业教育院校数量上更有优势，6个地级市共有34所高职院校和121所中职院校，分别占毗邻地区高职与中职学校总数的57.63%和73.33%。其中，优质职业教育资源主要集中在泸州、达州、万州等地，县域内的职业教育学校较少。万达开地区的川渝统筹发展示范区职业教育联盟的成立，吸纳了万达开地区及毗邻地区中高职院校24所，产教深度融合校企合作企业12家，积极开展以市场为导向，培养更适应行业及企业需要的高素质复合型人才，助推地方经济转型。2019年川渝毗邻地区职业教育院校布局情况见表8-2。

表8-2 2019年川渝毗邻地区职业教育院校布局情况

地区	高职院校数量/所	中职学校数量/所
万州区	6	7
渝北区	2	6
合川区	2	4
潼南区	0	1
铜梁区	2	2
大足区	1	1
荣昌区	0	1
永川区	5	7
江津区	6	5
长寿区	1	2
梁平区	0	2
开州区	0	2
垫江区	0	2
城口县	0	2
达州市	1	33
广安市	1	23
遂宁市	0	15
资阳市	3	7
内江市	20	27
泸州市	9	16
合计	59	165

三是跨区域教育协作逐步增强。职业教育方面，合川区与南充市签署了《融入成渝地区双城经济圈建设战略合作框架协议》，其中明确提到共同引进优质高职院校，推动优质教育资源共享，探索互派校长、教师交流任职机制；川渝中华职业教育社签订了《协同推进职业教育发展战略合作协议》，将在推动两地职业院校实习实训基地共建、技术技能人才共育、产教融合中心共创，实现川渝两地优质职教资源共享、优势互补等方面建立协同发展机制。基础教育方面，遂宁市和潼南区签署了《加强教育交流合作协议》，明确加强基础教育交流与合作，推行两地教育资源合作开发和共享；隆昌市的川南幼儿师范高等专科学校和万州区的重庆幼儿师范高等专科学校签署了《服务成渝地区双城经济圈战略合作协议》，围绕幼师人才培养、学前教育大数据、幼儿园园长培训等方面的学前教育项目建立合作协同发展机制。

　　总体来看，川渝毗邻地区重庆范围高等教育资源相对丰富。重庆市直辖以来，利用直辖市体制机制优势，川渝毗邻地区重庆范围加快完善高等教育资源均衡布局和区域协调发展。2019 年，重庆毗邻地区的高等院校共26 所，高出四川毗邻地区 50%。重庆毗邻地区的高等职业教育资源对川渝及周边地区辐射作用加快显现，2019 年重庆毗邻地区高职院校 25 所，比四川毗邻地区多 40%。永川区、江津区、万州区、渝北区等重庆的高职院校利用机械、电气、土木和生物学等方面的比较优势，与四川的市（县）建立了科技联动创新和合作育人机制。例如，位于渝北区的重庆工业职业技术学院作为全国优质专科高等职业院校，牵头成立机械行业智能装备制造（西南）职教集团，与四川交通职业技术学院等高职院校联合成立云贵川渝汽车职业院校产教联盟，促进川渝院校开展多层次合作，共建共享科技创新平台。

二、医疗卫生事业健康发展

　　近年来，川渝毗邻地区加快卫生医疗基础设施建设，构建起区（市）、县、乡、村多级医疗卫生服务体系，医疗卫生服务供给水平和质量明显提升。

　　一是医疗卫生服务体系不断健全。近年来，川渝毗邻地区基本形成由医院、基层医疗卫生机构、专业公共卫生机构等组成的覆盖城乡的医疗卫生服务体系①。截至2019年年底，川渝毗邻地区共有各级各类医疗卫生机构逾2万个，约占川渝两地总量的1/5。其中，拥有医院超500个、基层医疗卫生机构近2万个、专业公共卫生机构有100余个，分别占川渝两地总量的16%、20%和14%；共有卫生技术人员14.36万人，较2015年增加了4.41万人，占川渝两地总量的17.4%；拥有医疗卫生机构实有床位数达16.5万张，较2015年增加了4.82万张，占川渝两地总量的19%；每千人拥有卫生技术人员数、医疗机构床位数分别由2015年的3.78人、4.45张增长至5.65人、6.66张，医疗资源明显增加。川渝毗邻地区医疗卫生服务相关指标情况见表8-3。

表8-3 川渝毗邻地区医疗卫生服务相关指标情况

地区	卫生医疗机构总数/个	医院/个	基层医疗卫生机构/个	专业公共卫生机构/个	医疗卫生机构实有床位数/张	每千人拥有医疗机构床位数/张	卫生技术人员数/人	每千人拥有卫生技术人员数/人
渝北区	702	68	562	5	7 159	6.30	12 102	5.63
万州区	1 257	40	1 212	5	11 172	6.80	11 764	7.10
合川区	893	24	845	4	6 938	3.90	7 200	5.03
潼南区	417	17	392	3	3 993	4.52	4 650	6.41
铜梁区	839	10	835	4	4 215	5.12	4 453	6.13
大足区	421	6	361	4	5 627	5.24	3 896	4.94
荣昌区	448	13	430	3	4 590	6.00	5 065	7.03
永川区	669	23	620	4	8 967	8.00	7 615	6.66
江津区	1 077	14	1 111	4	8 893	6.40	6 050	4.33
长寿区	504	20	497	4	5 320	5.56	4 667	5.41
梁平区	572	7	594	3	4 066	6.22	3 561	5.41
开州区	722	13	682	4	8 196	5.25	5 827	4.93

---

① 医院包括综合医院、中医医院、中西结合医院、专科医院、专科医院、民族医院、护理院等；基层医疗卫生机构包括社区卫生服务中心、社区卫生服务站、街道卫生院、乡镇卫生院、村卫生室、门诊部、诊所（医务室）等；专业公共卫生机构包括疾病预防控制中心（防疫站）、专科疾病防治院（所、站）、健康教育所（站）、妇幼保健院（所、站）、采供血机构、卫生监督所、计划生育技术服务机构等。其他医疗机构还有疗养院、医学在职培训机构、医学科研机构等。

表8-3(续)

地区	卫生医疗机构总数/个	医院/个	基层医疗卫生机构/个	专业公共卫生机构/个	医疗卫生机构实有床位数/张	每千人拥有医疗机构床位数/张	卫生技术人员数/人	每千人拥有卫生技术人员数/人
垫江区	431	13	409	4	5 142	7.30	4 462	6.20
城口县	174	3	197	3	1 140	3.94	1 162	6.26
达州市	4 514	109	4 154	27	35 862	5.79	23 365	4.07
万源市	509	10	508	3	2 871	4.94	2 242	3.94
宣汉县	875	14	925	3	5 631	4.73	6 658	6.51
开江区	268	8	257	4	2 289	5.12	2 282	12.14
达川区	953	23	925	5	7 004	6.45	4 306	4.10
大竹县	554	12	538	3	5 769	5.78	3 289	3.68
广安市	3 443	73	3 350	22	21 310	6.58	24 788	7.62
邻水县	609*	13	593	3	3 564	4.90	3 242	4.59
华蓥市	190	7	181	2	1 513	5.38	1 399	4.98
岳池县	980	15	979	4	5 025	6.40	3 540	4.51
武胜县	655*	14	637	3	3 235*	6.00	2 510*	4.28
遂宁市	3 725	80	3 679	23	21 400	6.71	18 200	5.71
蓬溪县	614*	8	600	4	2 753*	6.00	2 037*	3.87
船山区	347	33	593	10	8 211	12.10	9 788	14.38
安居区	783*	11	769	3	2 841*	4.40	1 677*	2.61
资阳市	3 432	47	3 377	12	20 000	7.56	14 948	5.97
安岳县	1 485	13	1 435	3	7 255	6.25	5 561	5.15
内江市	3 303	76	3 194	24	25 900	6.52	21 100	5.70
东兴区	874*	15	853	6	5 618	7.76	4 782	6.60
隆昌市	736	12	445	5	4 559	7.00	2 873	4.54
泸州市	4 711	147	4 439	29	34 561	7.99	30 617	7.07
泸县	1 254	37	1 186	4	5 267*	4.00	3 682	4.33
合江县	818	15	800	4	5 180	7.30	3 852	5.46

表8-3(续)

地区	卫生医疗机构总数/个	医院/个	基层医疗卫生机构/个	专业公共卫生机构/个	医疗卫生机构实有床位数/张	每千人拥有医疗机构床位数/张	卫生技术人员数/人	每千人拥有卫生技术人员数/人
毗邻地区	21 630	531	20 971	123	165 003	6.66	143 574	5.65
重庆	21 058	800	19 535	152	231 900	7.40	223 900	7.17
四川	83 757	2 343	78 427	700	632 000	7.55	602 000	7.19

数据来源：各地区《2019年国民经济与社会发展统计公报》《四川卫生健康统计年鉴 (2018)》《2018年重庆卫生和计划生育统计年鉴》《2019年重庆市卫生健康主要统计数据》和《2018年重庆市卫生健康主要统计数据》等，由于2019年四川和重庆的医院数量、基层医疗卫生机构数量、专业公共卫生机构数量的数据尚未公布，表中均为2018年数据，带"＊"数据也为2018年数据，其余数据均为2019年数据。

二是医疗卫生服务能力不断增强。川渝毗邻地区共有三甲医院15家，占川渝两地总量的11.1%，其中重庆区县拥有11家，潼南等区县正在加快推进三甲医院建设。医疗卫生服务利用状况显著改善，川渝毗邻地区各类医疗机构总诊疗人数由2015年的6 731.64万人增加到2018年的12 340.34万人，出院人数由2015年的424.42万人增加到2018年512.36万人，分别占川渝两地总量的18.3%和20%。永川、大足、遂宁成为国家医疗联合体建设试点城市，铜梁、泸县等11个区县成为紧密型县域医疗卫生共同体建设试点区县，其中部分区县初步形成基层首诊、双向转诊、急慢分治、上下联动的分级诊疗模式，医疗就诊率不断提升。渝北、合川等区县已经形成"农村30分钟，城市15分钟"的基本医疗卫生服务圈，医疗机构数字化、智慧化建设加快推进，医疗卫生服务可及性、便捷性明显提升。川渝毗邻地区医疗卫生有关情况见表8-4。

表8-4　川渝毗邻地区医疗卫生有关情况

地区	三甲医院数量/家		医疗机构总诊疗人数/万人		出院人数/万人	
	2015年	2019年	2015年	2018年	2015年	2018年
渝北区	0	0	566.09	575.48	21.02	20.04
万州区	1	1	528.37	1 209.93	23.41	35.78
合川区	0	0	494.54	480.54	15.35	19.82

表8-4(续)

地区	三甲医院数量 /家		医疗机构总诊疗人数 /万人		出院人数 /万人	
	2015 年	2019 年	2015 年	2018 年	2015 年	2018 年
潼南区	0	0	308.70	346.59	13.20	15.83
铜梁区	1	1	363.95	392.01	10.38	13.04
大足区	0	1	359.74	351.24	17.76	19.29
荣昌区	0	0	370.19	412.11	13.55	16.34
永川区	2	2	488.01	607.52	25.69	30.25
江津区	2	2	509.57	502.69	21.99	26.24
长寿区	1	1	306.95	362.86	12.44	13.75
梁平区	0	0	266.02	26.62	12.76	12.98
开州区	0	1	538.84	577.70	22.42	27.69
垫江区	2	2	333.30	310.03	15.79	18.50
城口县	0	0	126.33	129.94	4.81	5.29
达州市	2	2	503.52	2 137.95	82.41	104.06
万源市	0	0	31.76	222.70	5.02	9.09
宣汉县	0	0	78.85	390.14	13.25	16.36
开江区	0	0	26.33	317.01	6.86	7.59
达川区	0	0	32.38	290.99	13.42	16.28
大竹县	0	0	73.20	317.02	15.09	18.13
广安市	1	1	358.15	1 607.23	53.24	61.63
邻水县	0	0	63.64	335.14	11.39	12.31
华蓥市	0	0	26.36	135.70	4.98	5.05
岳池县	0	0	78.29	343.83	10.20	13.34
武胜县	0	0	66.18	302.48	8.70	10.12
遂宁市	2	3	493.45	2 009.68	48.58	61.26
蓬溪县	0	0	41.31	305.91	6.39	9.22
船山区	2	2	238.91	580.92	19.02	24.23
安居区	0	0	34.99	282.15	6.10	7.48

表8-4(续)

地区	三甲医院数量/家		医疗机构总诊疗人数/万人		出院人数/万人	
	2015 年	2019 年	2015 年	2018 年	2015 年	2018 年
资阳市	1	4	491.81	1 943.33	74.40	59.61
安岳县	0	1	126.41	895.28	22.47	26.31
内江市	3	3	412.04	1 547.22	65.82	74.62
东兴区	1	1	60.63	385.09	14.39	16.69
隆昌市	0	0	66.18	225.50	10.57	11.12
泸州市	4	5	612.65	2 153.60	83.36	107.43
泸县	0	0	53.70	380.64	14.66	19.36
合江县	0	0	71.92	344.58	11.34	14.84
毗邻地区	12	15	6 731.64	12 340.34	424.42	512.36
重庆	25	30	14 503.79	15 968.77	588.35	703.30
四川	63	105	16 007.96	51 605.99	1 542.60	1 827.00

数据来源：四川省医院机构信息（截至2020年9月底）、《2019年重庆市卫生健康主要统计数据》《四川卫生健康统计年鉴（2015）》和《2015年重庆卫生和计划生育统计年鉴》等。

三是医疗卫生事业合作逐步推进。随着成渝地区双城经济圈建设加快推进，川渝毗邻地区医疗卫生事业合作也在逐步推进，医疗卫生一体化发展步伐加快。从九个毗邻区域功能发展平台来看，万达开三区将协同推进紧密型"医共体"、跨区域"医联体"建设，共同打造优质"健康圈"。遂宁和潼南两地将重点在跨省异地就医直接联网结算、药品价格及医用耗材招标采购、医保基金监管协同、医保经办管理趋同四个方面加强合作。资阳、大足达成异地就医联网结算、医保基金监管协同、医保缴费年限转移互认的一体化战略合作共识。广安将与合川建立突发公共卫生事件联防联控机制和疫情信息实时共享机制，广安市人民医院等多家医院已纳入川渝异地就医直接结算平台。除此之外，其他几个区域发展功能平台也在稳步推进医疗领域合作，川渝毗邻地区群众未来将享受到更优质、方便、快捷的医疗保障服务。

专栏 8-1：川渝毗邻地区医疗合作情况

1. 万州、达州、开州三区（市）协同推动卫生健康事业高质量发展

万州、达州、开州三区（市）的主要合作内容包括：协同推进医通、人通、财通"三通"紧密型"医共体"建设；共同探索建立卫生健康数据共享与交换机制；采取定期举办医学论坛、技能竞赛活动，共建高水平卫生人才队伍；建立完善三地重大疫情和突发公共卫生事件联防联控机制，推进医保跨省结算，分批实现跨区域门诊业务直接结算，推动三地建卡贫困患者实行"先诊疗后付费"；推进跨区域专科联盟和医疗联合体建设，分步骤推进三地二级以上公立医疗机构检验检查结果互认；共同打造国家区域医疗中心和国家医学中心，协作创建儿童、创伤、口腔、传染病国家医学中心和心血管、呼吸、骨科、肿瘤等国家区域医疗中心；定期开展基层卫生互访交流，定期召开三地基层医疗卫生机构院长（主任）交流座谈会。

2. 遂宁、潼南签订《关于推动遂潼医疗保障领域一体化发展协议》

遂宁、潼南的主要合作内容：在跨地区异地就医直接联网结算方面，2022 年年底前，二级以上定点医院全部接入跨地区异地就医平台，实行住院费用直接结算，稳步推进跨地区异地职工普通门诊业务直接结算。在药品价格及医用耗材招标采购方面，探索药品、医用耗材，建立"联盟采购、结果共用、价格联动"机制。在医保基金监管协同方面，建立基金监管联动机制，加强异地就医监管协作，做好重大案件情报共享，双方在检查过程中发现涉嫌重大的案件线索，及时通报对方。在医保经办管理趋同方面，推动职工医保缴费年限两地互认，优化遂潼两地医保关系转移接续流程，畅通两地医保关系转移接续渠道；强化遂潼两地医保经办管理工作的一致性，推动医保经办服务逐步趋同。

3. 大足、资阳签订《医疗保障合作备忘录》

大足、资阳的主要合作内容包括：提升两地异地就医结算服务水平，即持续增加开通异地就医直接结算业务的两地定点医药机构数量；资阳通过接入省级平台与大足开展医保门诊直接结算；推动提升两地异地就医便捷程度。完善医保基金监督管理联动机制，即建立健全两地医保欺诈案件异地协查机制、异地就医协议管理快查快处机制、违规医疗费用联合追缴机制。探索实施职工医保缴费年限互认，即实现职工医保参保关系无障碍转移接续及缴费年限互认。

4. 泸州、江津签订《推进成渝地区双城医疗保障协调发展框架协议》

泸州、江津的主要合作内容包括：推进医疗保障服务对接共享，创新体制机制，完善医保信息平台建设，实现数据互联互通；将两地符合条件的医疗机构和药店接入西南片区异地就医结算平台，实现异地就医住院、门诊直接结算；建立基金监管联动机制，加强异地就医的监管力度，开展医疗保障联合执法检查、异地意外伤害协查，实行两地执法检查结果互认；实行两地医保专家资源共享，智力优势互补；建立病种付费、床日付费、疾病诊断相关分组（DRG）付费、按人头付费等医保付费标准相关信息共享机制；探索建立药品、医药耗材联盟采购方面的合作机制，推进结果共用、价格联动。

5. 合川、岳池两地妇幼保健院签订《医疗资源战略合作协议》

合川、岳池两地妇幼保健院的主要合作内容包括：在建立培训基地、儿童保健项目、产后康复项目、新生儿管理、突发事件相互应急处置、发挥优势资源互转病员等方面开展合作。

6. 合川、蓬溪、华蓥、岳池和武胜签署战略合作框架协议

合川、蓬溪、华蓥、岳池和武胜的主要合作内容包括：围绕联席会议制度、传染病联防联控应对机制、医疗服务体系、医保异地结算保障机制、医保基金监管联动机制、药品及医用耗材招标采购协作机制、医药健康产业协同发展等方面开展全面合作，共同推进医疗及医保治理体系和治理能力现代化，致力于形成良性互动的区域协同发展新格局，不断推动各方卫生健康及医疗保障高质量发展，实现互利共赢。

川渝毗邻地区集聚了川渝两地20%的医疗卫生资源，医疗卫生服务水平逐年提升。相比四川，重庆在医疗卫生服务方面具有两大优势：一是优质医疗卫生资源更丰富。2019年，重庆毗邻地区拥有三甲医院11家，占川渝毗邻地区的73%、重庆市的37%，对区域具有一定辐射作用；卫生技术人员、每千人口卫生技术人员分别约为四川毗邻地区的1.2倍、1.1倍，中西医结合医院数量约为四川毗邻地区的5倍。二是医疗服务水平更高。重庆、四川毗邻地区医院数量分别占医疗卫生机构总数的29%、21%，重庆医疗机构配置更优。在四川医疗机构比重庆多的情况下，2018年重庆医疗机构总诊疗数、出院人数分别是四川的1.04倍、1.16倍，重庆医疗服务水平相对更高；渝北、合川等区县已经形成"农村30分钟，城市15分钟"的基本医疗卫生服务圈，居民就医相对更便捷。

三、公共文体事业创新发展

川渝毗邻地区积极对接国家及川渝两地文化、体育发展的政策精神，加快完善公共文体设施建设，公共文化服务和公共体育服务的质量及水平明显提升。

一是文化事业和文化产业加快发展。川渝毗邻地区文化服务持续优化，基本建立了覆盖城乡的公共文化服务体系，人民群众基本文化权益得到有效保障；公共文化设施逐渐完善，基本实现"市（区、县）有公共图书馆、文化馆，乡镇有综合文化站"的建设目标，"三馆一站"① 公共文化服务设施常态化免费开放；广播电视覆盖面持续扩大，2019 年广播、电视综合人口覆盖率达 98.79%、98.6%，荣昌区、达川区、安居区、大竹县等区县已实现广播、电视综合人口全覆盖；文化创作生产、新闻信息服务、文化装备生产、文化消费终端生产等文化产业加快发展，荣昌区、渝北区、江津区、泸州市等区（市）文化产业增加值占 GDP 的比重已超过3%。2019 年川渝毗邻地区文化事业相关指标情况见表 8-5。

表 8-5 2019 年川渝毗邻地区文化事业相关指标情况

地区	博物馆/个	公共图书馆/个	文化馆/个	文化站/个	广播综合人口覆盖率/%	电视综合人口覆盖率/%
渝北区	6	1	1	—	100	99.79
万州区	2	1	1	—	99.71	99.50
合川区	1	1	1	—	99.33	99.28
潼南区	1	1	1	22	99.36	99.67
铜梁区	1	1	1	38	99.89	98.30
大足区	1	2	2	—	99.86	98.30
荣昌区	1	1	1	21	100	100
永川区	3	1	1	—	99.42	99.89
江津区	2	1	1	30	100	99.97
长寿区	0	1	1	20	99.96	99.99
梁平区	0	1	1	33	98.71	96.12
开州区	1	1	1	—	99.12	99.52

---

① "三馆一站"：公共博物馆、公共图书馆、公共文化馆、公共文化站（中心）。

表8-5(续)

地区	博物馆/个	公共图书馆/个	文化馆/个	文化站/个	广播综合人口覆盖率/%	电视综合人口覆盖率/%
垫江县	0	1	1	—	99.55	100
城口县	1	1	1	25	95.22	96.81
达州市	5	8	8	312	97.90	96.85
万源市	0	1	1	32	—	—
宣汉县	1	1	1	—	96.42	96.20
开江区	1	1	1	20	99.61	99.61
达川区	1	1	1	—	100	100
大竹县	0	1	1	50	100	100
广安市	4	7	7	179	99.70	99.80
邻水县	1	1	1	45	98.50	98.50
华蓥市	1	1	1	—	—	—
岳池县	0	1	1	43	—	—
武胜县	1	1	1	—	—	—
遂宁市	7	6	6	113	99.83	99.35
蓬溪县	1	1	1	31	100	98.89
船山区	1	1	1	18	99.09	98.50
安居区	1	1	1	21	100	100
资阳市	4	4	4	—	97.10	98.10
安岳县	1	1	1	69	97.28	98
内江市	4	4	6	121	97.35	98.22
东兴区	0	1	1	29	99.31	96.39
隆昌市	0	1	1	19	96.01	92.99
泸州市	15	9	8	52	98.94	99.51
泸县	1	1	1	—	—	—
合江县	1	1	1	—	95.00	98.00
川渝毗邻地区	32	32	32		98.79	98.60
重庆市	104	43	41	—	99.17	99.40
四川省	256	206	207	4 412	98.20	98.90

数据来源：根据各区市县《国民经济和社会发展统计公报》整理。

二是公共体育事业和体育产业蓬勃发展。川渝毗邻地区深入贯彻四川、重庆两省市《全民健身条例》和体育行动计划，加强体育设施建设、加快体育产业发展，体育强市（区、县）建设稳步推进。各市（区、县）基本形成以"一场一馆"（体育场、体育馆）为核心，以健身广场、健身路径、登山步道、"农体工程""社区健身点"等为支点的全民建设公共服务网络，合川、潼南等区县基本形成城区"10~15分钟健身圈"。人均体育场地面积不断提升，逐步接近2.41平方米的国家标准，其中渝北区人均体育场地面积达2.4平方米，居川渝毗邻地区第一位。各市（区、县）积极举办各级各类体育赛事，组织团队参加国内外比赛，开展全民健身运动，体育事业群众化、高质量发展。体育产业加快发展，大足加快建设以大足石刻为核心的国际文旅城，荣昌积极打造西部知名的"运动健康之城"，梁平积极探索体育社会化、产业化发展路径，打造体育产业新高地。

三是文体事业合作逐步推进。川渝毗邻地区地缘相近、人缘相亲、文缘相承，为深化文化、体育交流合作提供有力保障。文化旅游、体育等领域合作也在逐步推进，如遂宁与潼南、铜梁加快公共数字文化共建共享，推进市民同城待遇；大足与资阳共同开展常态化的文化交流与合作，共享文化公共资源和成果，共促文化综合执法协作；泸州、永川成立区域图书馆、文化馆、博物馆联盟以及演艺联盟；荣昌和内江推进政府购买公共文化演出服务互认互购，开展地方文献与数字资源交流合作。此外，荣昌还联合周边地区，构建以荣昌陶器、荣昌夏布、荣昌折扇三大国家级非物质文化遗产为核心，集旅游业、农业、工业、服务业于一体的川渝毗邻地区非物质文化遗产产业生态圈。随着川渝毗邻地区九大功能平台建设稳步推进，文化体育事业一体化发展步伐也将加快。

专栏8-2：川渝毗邻地区文化体育事业部分合作情况

1. 遂宁、潼南签订《文化和旅游一体化发展合作协议》

该协议的主要合作内容包括：推动"泛涪江流域文化"品牌共建，打造川剧、曲艺等文艺精品，联合开发文创旅游商品和特色美食品牌；共同打造遂渝田园与现代城市示范区；建立宣传营销互助机制；加快公共数字文化共建共享、联合推出系列主题旅游线路、加强旅游市场合作联动、建立区域性人才交流培训机制。

2. 遂宁、潼南签订《宣传思想文化工作一体化发展协议》

该协议的主要合作内容包括：在文化服务交流、文旅融合发展、网络治理等方面密切协作，为加快推进遂潼一体化，助推成渝地区双城经济圈发展提供强大舆论支撑和良好文化条件。

3. 遂宁、潼南签订《共建"红色场馆联盟"发展协议》

该协议的主要合作内容包括：打造两地红色文化旅游精品专线，统筹将两地红色文化纪念馆纳入党员干部党性教育培训基地。

4. 遂宁、铜梁签订《关于推动遂铜文化和旅游一体化发展协议》

该协议的主要合作内容包括：建立遂铜文旅一体化发展联席会议机制；推进两地市民同城待遇，开展宣传营销合作两个方面的互动；推进两地在"十四五"规划编制、精品旅游线路打造、文化资源共建共享、人才培训与交流四个方面加强合作。

5. 大足、资阳签订《文旅融合发展合作协议》

该协议的主要合作内容包括：共同开展常态化交流合作、共享文旅公共资源和成果、共促文物保护利用、共推旅游精品线路、共办旅游宣传营销活动、共兴文旅产业、鼓励文创产业园区错位发展、共促文化综合执法协作、共同编制文旅融合示范区规划。

6. 内江、荣昌签订《文化旅游合作协议》

该协议的主要合作内容包括：推进政府购买公共文化演出服务互认互购，开展地方文献与数字资源交流合作，举办各类联合展览、演出，推动区域文化艺术繁荣；积极构建营销合作联盟，共同培育打造文化旅游品牌，联合开发文创产品，举办人才交流活动，强化文化旅游产业协作发展。

7. 泸州、永川签订《文化旅游协同发展战略合作协议》

该协议的主要合作内容包括：建立健全常态合作联动机制，指导行业协会、文旅企业建立健全有效沟通合作机制等；提升重点景区品质，联合推出以"泸县玉蟾山—泸县玉龙湖—永川乐和乐都—永川茶山竹海"为核心的生态文化旅游精品线路；加强跨区域文化艺术交流合作，成立区域图书馆、文化馆、博物馆联盟；建立两地地方文献资料共享、互派文艺专业干部交流培养、精品馆藏文物互展和举办等机制；联合开展两地演艺、赛事、研讨、讲座、展览及学术交流；成立演艺联盟，建立优秀节目库，优先互购对方演艺团队优秀单一节目或整台演出活动，协助做好跨区域演出市场监管和服务；加强巴蜀方言、川渝饮食、民间习俗的研究、交流，共同打造跨区域非物质文化遗产文化生态保护实验区；加强广播电视宣传合作机制，开展广播电视和网络视听节目创作深度交流合作，推动两地广播电视和网络视听内容创作生产；加强广播电视公共服务互联协作，开展应急广播、安全播出监测监管、网络视听监管等公共服务及人才培训等互动学习。

8. 万州、达州、开州签订《万达开统筹发展文化旅游体育一体化发展战略合作协议》《万达开三地文化馆馆际战略联盟合作框架协议》《万达开三地博物馆馆际交流合作框架协议》和《万达开三地图书馆馆际战略联盟合作框架协议》

万达开相关协议的主要合作内容包括：积极筹建万达开文化和旅游发展联盟，并探索建立常态化、制度化、规范化的交流合作机制；不断加强在体制建设、资源开发、线路打造、市场营销、品牌塑造、文物保护、市场整治等方面的交流合作；加快推动万达开文化旅游业发展共荣，共同掀开文化旅游交流合作新篇章。

川渝毗邻地区文化体育设施不断完善，文体事业加快发展。从川渝毗邻地区内部来看，重庆相比四川在文体事业和文体产业方面具有两点优势：一是文化、体育基础设施更加完善。2019 年，重庆毗邻地区拥有博物馆 18 家，比四川毗邻地区多 6 家。除个别区（县）外，重庆毗邻区（县）广播综合人口覆盖率、电视综合人口覆盖率均高于川渝毗邻地区的平均水平。重庆毗邻区（县）人均体育场地面积总体高于四川毗邻区（县）。二是文化产业和体育产业的发展势头更加强劲。重庆毗邻区（县）围绕文化强区（县）、体育强区（县）建设，大力发展文化产业和体育产业，取得积极成效。荣昌区、渝北区、江津区等区（县）文化产业增加值占 GDP 的比重已超过 3%。大足、荣昌、梁平都将体育产业作为主导产业发展。

四、住房保障力度不断加大

川渝毗邻地区基本形成了租购并举的住房市场和以公租房、可租可售商品住房为主的住房供应体系。

一是商品房供给规模稳定，增长态势明显。我国城镇住房制度改革后，突出了住房市场化建设，住房市场化、商品化配置日益显著，川渝毗邻地区商品房供给规模也不断增加。四川省达州市宣汉县 2019 年商品房施工面积达 173.59 万平方米，年增长 57.3%，商品房销售面积为 69.17 万平方米；毗邻宣汉县的重庆市开州区商品房施工面积达 294.67 万平方米，增长 26.2%，商品房销售面积为 67.49 万平方米。四川省内江市东兴区 2019 年商品房施工面积达 274.39 万平方米，年增长 20.3%，商品房销售面积为 66.34 万平方米；毗邻东兴区的重庆市荣昌区全年商品房施工面积达

298.47万平方米，比上年增长0.6%，商品房销售面积为93.61万平方米。

二是商品房价格与城市能级呈正相关关系，重庆市域内区（县）城房价整体水平低于四川毗邻地级市。区域经济活力越强，人口吸引力越大，城市能级越大，商品房的价格越高，居民购买需求越旺盛。川渝毗邻地区各区（县）2019年商品房房价集中在5000~7000元/平方米，渝北区位于重庆市主城核心区，其房价明显高于其他地区，约为其他区域的2倍，房屋品质如户型设计、景观绿化、配套设施和物业服务等也明显高于其他区域，人口集聚态势明显。重庆市域内区（县）城房价整体水平低于四川毗邻地级市，如渝西地区的荣昌区、大足区房价低于川南地区的内江市东兴区，潼南区房价低于遂宁市船山区，渝东北梁平区房价低于川东北的达川市达川区。

三是多举措促进保障房覆盖范围不断增加。自2008年大规模实施保障性安居工程以来，我国绝大多数市（县）政府已普遍建立了保障性住房制度与供应体系，通过租赁保障、产权保障、置换保障、补贴保障等多种形式，不断扩大保障房覆盖范围。2010年以来，重庆大力开展公共租赁住房建设，成渝毗邻地区中的渝北区建设有民心佳园（1.77万套）、康庄美地（2.17万套）、空港乐园（2.83万套）三个公租房小区，共达到6.77万套。开州区、城口县提供公共租赁住房超过4000套，一般位于县城、工业园区附近。四川省各区（县）也基本配备公共租赁住房。

四是成渝毗邻地区签订了一系列促进两地住房保障发展协议。两地签署住房保障方面协议集中在建立住建领域数据、信用、税收、人才、资质、执法、监管等工作的协同共治，协同研究制定商品房买卖政策相互支持机制，健全住房公积金跨区域转移接续和互认互贷机制。川渝两地签署了《川渝毗邻地区合作共建区域发展功能平台推进方案》《落实成渝地区双城经济圈住房公积金一体化发展合作协议》等协议；大足区住房和城乡建设委员会、安岳县住房和城乡规划建设局签订了《深化住房城乡建设一体化合作助推成渝地区双城经济圈建设框架协议》；资阳、遂宁、潼南、大足四城住房公积金中心签订了《住房公积金一体化发展合作协议》；合川、广安、达州住房公积金管理中心签订了《落实成渝地区双城经济圈住房公积金一体化发展合作协议》；达州与万州、开州、梁平、云阳住房公积金管理中心召开了万达开梁云城市之间住房公积金一体化发展联席会，五方共同签署了住房公积金一体化发展合作协议；渝东北、川东北、渝西、川南等毗邻结点城市之间都在积极探索发展住房公积金一体化发展

"示范区"，深化住房公积金领域战略合作关系，为公共服务共建共享迈出了实质性步伐。

总体上看，川渝毗邻地区中的重庆市各区（县）受益于直辖体制、位于或靠近重庆都市圈，在住房保障、商品房品质供给等方面均具有一定优势。一是重庆市各区（县）保障性住房供给充足。重庆持续释放直辖市层级少、扁平化管理等体制优势，已基本构建起良好的以保障性租赁住房为主体的住房保障体系，能较好地解决新市民、青年人的住房问题，在川渝毗邻区域中优势较为明显。例如，渝北区拥有民心佳园、康庄美地、空港乐园三个公租房小区，供给量达到 6.77 万套，开州区公租房供给超过2 000 套。二是重庆市各区（县）商品房价格总体适宜且品质较高。川渝毗邻地区重庆范围各个区（县）中心城区与四川范围各个市（县）商品房价格大体相当。安居客网站数据显示，潼南区 2019 年 12 月二手商品房均价为 4 899 元/平方米，与潼南区毗邻的遂宁市船山区、安居区同期房价为6 933 元/平方米、4 910 元/平方米。永川区二手商品房均价为 5 650 元/平方米，毗邻的泸州市泸县的价格为 5 382 元/平方米。重庆区（县）中心城区具有相对较高的城市品质、完善的综合服务功能和较为充足的就业机会，同时，其商品房在户型设计、景观绿化、配套设施和物业服务等方面普遍优于毗邻地区的县城、乡镇，对毗邻四川区域的人口具有较强吸引力。

第四节　川渝毗邻地区公共服务一体化发展的主要矛盾和问题

与成渝地区双城经济圈高质量一体化发展要求相比，川渝毗邻地区公共服务一体化进程依然缓慢，部分领域一体化发展水平低、服务标准不统一等矛盾依然较为突出，成为制约两地发展要素高效自由流动的重要因素。

一、公共教育一体化发展滞后

川渝毗邻地区教育考核机制不统一、不协调，职业教育专业设置特色化、差异化不明显，公共教育领域一体化协同发展面临诸多困难，难以满足毗邻地区人民共享高优质教育资源需求。一是川渝毗邻地区高等教育资源较为匮乏。按照毗邻地区常住人口在川渝总人口的占比来看，川渝毗邻地区的高等教育资源配置不足，由于川渝地区高等教育资源都聚集在省、市级中心城市，且毗邻地区在四川省境内都是县级行政单元，因此需进一步加快高等教育资源的均衡布局。从数量上看，2019 年川渝毗邻地区共有高等院校和高等各职业院校 58 所[①]，占川渝两地高等院校总量的 19%。其中，四川省下辖区（县）仅有 2 所高等院校和 5 所高职院校，重庆市下辖区（县）有 26 所高等院校和 25 所高职院校。从质量上看，川渝毗邻地区高等教育资源质量较为薄弱，无一所"双一流"高校，严重影响区域内的自主人才培养能力建设和科技创新研发能力建设。二是川渝毗邻地区没有形成统一的教育考核标准。从义务教育和高中教育阶段来看，川渝毗邻地区义务教育和高中阶段的升学考试还是各自为政的格局，要形成统一的考核标准和考核体系必须要打破行政壁垒，制定统一的考试体系，否则难以形成相互认可的评定标准。从职业教育来看，川渝地区没有形成统一的专业职业能力考核规范和技能人才的评价体系，无法构建毗邻地区特色产业职业体系。三是职业教育专业设置同质化现象较为严重。近年来川渝两地在产业发展方向趋同化，导致为了满足培养更多适宜产业发展需求的技能人才，职业院校办学模式趋同、专业设置千篇一律的现象出现。近年来，川渝毗邻地区职业院校的专业设置大部分都以汽车、电子信息、旅游、文化和创意服务等为主，没有结合当地的优势产业形成具有鲜明特色的职业教育专业，专业建设的核心竞争力不够凸显，因此人才培养的精准化、特色化程度不高，不利于川渝毗邻地区职业技术人才的优势互补和人力资源的良性流动。

二、医疗卫生一体化发展水平较低

受经济社会发展水平等因素影响，川渝毗邻地区医疗卫生资源数量与质量不优、结构和布局不合理、医疗卫生服务体系碎片化等问题依然存在，医疗卫生服务水平较低，一体化发展进程总体较为缓慢。一是医疗资源总量较少、质量不高。与经济社会发展和人民群众日益增长的健康服务需求相比，川渝毗邻地区的优质医疗资源数量和质量不高，三甲医院仅 14 家，其中四川省毗邻地区 17 个市（区、县）仅拥有 2 家，"看病难"的问题依然存在。每千人拥有卫生技术人员数量、医疗机构床位数低于川渝两省市每千人拥有卫生技术人员 7.18 人、医疗机构床位数 7.51 张的平均水

---

① 统计范围为重庆市毗邻地区的 14 个区（县）和四川省毗邻地区的 17 个市（区、县）。

平。在执业（助理）医师和注册护士中，大学本科及以上学历者占比较少。二是医疗资源布局不均衡、结构不合理。四川毗邻地区 17 个市（区、县）医疗机构总数约是重庆毗邻地区 14 个区（县）的 1.6 倍，但医疗机构总接诊人数仅是重庆的 1.2 倍，医疗机构利用效率相比重庆毗邻地区较低。中西医发展不协调，2018 年川渝毗邻地区拥有中医医院 56 家、中西结合医院 19 家，且重庆区（县）就分别占 43%、84%，川渝中西医发展不均衡，中医药特色优势尚未得到充分发挥；资源要素之间配置结构失衡，医护比仅为 1：1.1，低于四川、重庆以及全国平均水平。专科医院占川渝两省市总量的 14.7%，发展相对缓慢。儿科、精神卫生、康复、疗养、医学培训、老年护理等领域服务能力较为薄弱。三是医疗卫生一体化发展进程缓慢。川渝毗邻地区医疗卫生合作多停留在协议层面，推动跨省异地就医直接结算、医疗及医保协同治理等仍受行政壁垒限制，医疗卫生一体化发展相比产业、交通等领域缓慢。川渝毗邻地区医疗卫生有待统筹规划，资源配置有待进一步优化。

三、文化体育联动发展不足

当前，与川渝毗邻地区居民高质量公共文化与体育服务需求相比，加快区域文化体育事业一体化发展，还面临诸多短板。一是公共文化体育设施建设相对滞后。相比重庆中心城区和成都，川渝毗邻地区公共文化和体育服务体系有待进一步完善。从广播、电视综合人口覆盖率来看，川渝毗邻地区尤其是四川毗邻地区总体低于重庆、四川平均水平，广播"村村响"、电视"户户通"惠民工程还需加快推进。体育场馆设施建设不足，除渝北、万源、宣汉、开江等市（区、县）外，其余大部分市（区、县）人均体育场地面积均未达到 2.41 平方米的国家标准，缺乏举办大型赛事的综合体育场馆。受科技支撑不足、现代化技术应用欠缺等因素影响，公共文化服务和体育服务数字化建设缓慢。二是文化体育产业发展水平较低。川渝毗邻地区文化产业、体育产业尚处于起步阶段，无论是规模总量还是质量效益都不高。文化产业发展较好的荣昌、渝北、江津、泸州等区（市）的文化产业增加值占 GDP 的比重均低于四川、重庆乃至全国的平均水平。体育产业体系不健全，体育产业多为体育培训、体育场馆服务，体育用品制造和贸易等产业发展不足。承接举办的国际国内大型文艺演出、体育赛事较少，文化体育产业对相关产业、区域消费拉动能力较弱。文化、体育与旅游的融合度还有待进一步加强。三是文化体育事业联动发展不足。当前，川渝毗邻地区文化事业和体育事业还缺乏统筹规划，区域合作进展缓慢。各市（区、县）之间的文化体育合作多停留在签订协议层面和达成共识层面，且主要合作内容集中在推动文化和旅游一体化发展，涉及体育领域的合作相对较少。川渝毗邻地区在赛事联合举办、场地联合打造等方面的合作还有待加强。

四、住房保障协同发展机制尚未建立

川渝毗邻地区未形成区域层面的住房保障协同效应，对促进区域之间劳动力要素自由流动和优化配置效果不显著。一是住房公积金跨区域转移接续和互认互贷机制尚不成熟。川渝毗邻地区多地签订相关协议，深化住房公积金领域战略合作关系，但住房公积金在川渝跨区域转移接续在现实操作中还存在障碍，住房公积金政策跨地区实践的具体举措、执行操作细节等方面有待深入研究。二是公共租赁住房申请资格不一致。各地公共租赁住房对申请对象年龄、外来人员申请资格要求、住房困难家庭人均住房建筑面积认定标准、收入限制标准等方面存在不一致。例如，重庆市要求外来务工人员与用人单位签订 1 年以上劳动合同，且在主城区连续缴纳6 个月以上的社会保险费或住房公积金。达州市达川区要求外来务工人员在城区务工 3 年以上且劳动关系稳定，并具有手续完备的劳动合同。

第五节　川渝毗邻地区公共服务一体化发展的主要问题成因分析

公共服务一体化是区域一体化发展的重要衡量指标，也是区域一体化发展的具体体现。制约公共服务一体化进程的原因有多种，从川渝毗邻地区发展实际来看，主要成因表现在区域协调机制不健全、财力水平差异较大、发展阶段各异、地方财权事权各异四个方面。

一、区域协调机制不健全

川渝毗邻地区公共服务共建共享仍处于探索阶段，合作协调机制还不健全，缺乏明确的制度保障，部分领域尚未建立常态化沟通渠道，"协而不同"现象依然存在。一是缺乏规划统筹引领。成渝地区双城经济圈建设

战略实施以来，川渝两地出台了《川渝两省市毗邻地区合作共建功能平台推进方案》，但尚未出台教育、医疗、文化、社保等公共服务协同发展规划或方案，导致合作方向目标不明确。二是缺乏相应的制度与法律保障。目前，川渝毗邻地区出台的政策大多属于倡导性，缺乏刚性约束和具体指导，难以解决经费保障、机构协调、人员统筹、服务对接等诸多的现实壁垒。三是缺乏统一、有效的相关标准。以养老服务领域为例，川渝毗邻地区奖补标准、护理分级标准不相同，在准入、运营和管理方面也没有统一的规定。例如，重庆市级财政对新增 50 张以上床位的养老机构给予每张10 000 元的建设补贴，对每个社区养老服务站补助 20 万元，对每个乡镇的养老服务中心及辖区内村级互助养老点补助 100 万元，而四川省对新增床位每张补助平均不低于 1.1 万元，对城市社区日间照料中心建设每个补助30 万元、农村社区日间照料中心建设每个补助 25 万元，省级财政均补助35%，其余部分由地级市及区（县）人民政府统筹安排。

二、财力水平差异较大

我国公共服务特别是基本公共服务主要以政府保障为主，各级政府履行基本公共服务职责，是公共服务供给的主体，财政是公共服务供给的物质基础，财政收入与支出的规模和结构决定了公共服务的供给水平。川渝毗邻地区各地财政收入差距较大。按总量计算，2019 年一般公共预算收入最高的泸州市达到 159.64 亿元，最低的城口县为 4.34 亿元；按常住人口计算，2019 年川渝毗邻地区人均一般公共预算收入最高的大足区达到4 935 元/人，最低的资阳市为 1 226 元/人，前者约为后者的 4 倍。财力保障水平的差距导致各地区公共服务供给存在差异，推动区域公共服务一体化难度较大。

三、发展阶段各异

根据发展经济学关于工业化、产业结构、城镇化进程的发展阶段判断标准，川渝毗邻地区的重庆区域处于工业化中后期，毗邻地区的四川区域则处于工业化中期。从人均 GDP 衡量经济发展水平来看，2019 年人均GDP 川渝毗邻地区的重庆区域为 66 967 元，已经进入工业化后期，而川渝毗邻地区的四川区域为 10 663 元，处于工业化初期。从三次产业结构来看，川渝毗邻地区的产业结构相似，重庆区（县）和四川区（县）都处于工业化中期。从常住人口城镇化率来看，重庆毗邻地区的城镇化率为62.4%，处于工业化成熟期，四川毗邻地区的城镇化率为46.8%，处于工业化中期。综合分析，除了产业结构方面处于相同阶段外，川渝毗邻的四川市（区、县）和重庆区（县）在所处的工业化阶段相比，前者略滞后于后者，特别是在人均GDP所反映的经济发展水平与常住人口城镇化率方面两地差异较大。川渝毗邻地区发展阶段判断见表8-6。

表8-6 川渝毗邻地区发展阶段判断

判断指标	参考标准	发展阶段	发展水平	
			重庆范围	四川范围
人均GDP/美元	1 200~2 400	工业化初期	66 967	10 663
	2 401~4 800	工业化中期		
	4 801~9 000	工业化后期		
产业结构	第一产业比重<34%	工业化初期	8.2：45.7：46.1	13.3：40.8：45.9
	第二产业比重>29%			
	第三产业比重>37%			
	第一产业比重<15%	工业化中期		
	第二产业比重>39%			
	第三产业比重>46%			
城镇化率/%	<36	工业化初期	62.4	46.8
	<50	工业化中期		
	<65	工业化成熟期		

四、地方财权事权各异

事权是各级政府之间在公共服务的供给中应承担的职责和任务，财权是一级政府部门和企业占有、支配及使用资本与财物的权力。重庆直辖市体制与四川省级架构不同，使得重庆和四川的毗邻地区在经济体量、人口规模、财政收入等方面存在明显差异，进而导致毗邻地区公共服务的发展质量与水平各不相同，制约了成渝地区双城经济圈公共服务一体化发展。这主要表现在三个方面：一是川渝毗邻地区重庆范围大多数属于区级行政区，而四川范围则属于县级行政区，行政等级的差异在财权与事权领域差异性表现得尤为明显，导致在公共服务供给中承担的责任和任务以及行使的财权不同，公共服务资源配置能力存在显著差异。二是作为直辖市，重庆扁平化的行政管理体制使其在统筹公共服务规划布局、设施建设等方面的决策效率和推进效率更高，公共服务供给能力相对更高。三是目前我国基本公共服务领域中央与地方共同财政事权的支出责任主要实行中央与地方按比例分担，但在实际工作中，依旧存在中央与地方政府事权交叉、支出责任划分不明晰等问题。例如，在中央应承担更多责任的义务教育方面，财政收入较好的地方投入的中小学财政性拨款、义务教育阶段中贫困生资助等经费，有时远远超出中央教育经费投入，造成了地区义务教育硬件和软件水平的差距。这样的现象在川渝毗邻地区也不同程度地客观存在。

第九章 川渝毗邻地区公共服务一体化发展基本思路和重大举措

第一节 川渝毗邻地区公共服务一体化发展基本思路

川渝毗邻地区公共服务一体化发展基本思路包括：坚持以习近平新时代中国特色社会主义思想为指导，深入贯彻习近平总书记对四川、重庆系列重要指示批示精神，全面落实党中央关于推动成渝地区双城经济圈建设的战略部署；认真落实重庆市委"一区两群"协调发展和四川省委"一干多支、五区协同"区域发展布局要求，坚持新发展理念，围绕《成渝地区双城经济圈建设规划纲要》和《川渝毗邻地区合作共建区域发展功能平台推进方案》确立的功能平台和各项重点任务，聚焦推动川渝毗邻地区教育医疗、文化体育、就业服务、住房保障、社会保障等领域一体化发展；既要努力破除体制机制障碍，加快探索经济区与行政区适度分离改革，着力降低跨行政区交易成本，又要在制度创新中寻求突破，促进要素自由流动；既要提升常规动能，又要培育新兴动能，构建强有力混合动能，以高质量服务供给满足人民群众高品质生活需求，建设毗邻地区公共服务一体化发展新范例，以公共服务一体化促进区域经济一体化，为成渝地区双城经济圈高质量一体化发展赋能添彩。

一是从区域经济一体化发展中寻求新动能。公共服务一体化是区域经济一体化的重要内容，也是区域经济一体化发展的重要标志。成渝地区双城经济圈一体化发展的过程，既是产业协同和布局协同的过程，也是区域资源要素自由流动的过程。川渝毗邻地区作为率先实现川渝一体化发展的示范区域，势必在制度协同、服务协同、产业协同等领域率先示范，在一体化发展中的同时率先实现公共服务一体化。

二是从打破行政壁垒、降低跨区交易成本中寻求新动能。推动经济区与行政区适度分离改革，是川渝毗邻地区实现高质量发展的重要手段。川渝毗邻地区需要加快破解不同行政区产业自成体系、结构驱动和重复建设问题，推动外向型经济形成整体合力和优势，打破由于区际经济联系和要素流动的行政性导向对区域经济整体发展的制约；通过制度创新和制度协同，打破行政壁垒，降低社会运营成本，促进发展要素自由流动，实现标准统一、一体布局的公共服务供给。

三是从推动空间布局协同中寻求新动能。城镇、产业以及设施布局的优化，是经济社会发展的指挥棒，也是促进区域一体化发展的关键。在成渝地区双城经济圈建设背景下，川渝毗邻地区将通过规划一体制定、产业协同布局、城镇整体谋划等重大举措，促进毗邻地区空间布局协同。这既为川渝毗邻地区公共服务一体化发展提供了方向和指引，也为统筹毗邻地区以人为核心的资源要素科学合理流动提供了动力。

四是从满足人民群众高品质生活需求中寻求新动能。满足人民群众高品质生活需求是高质量发展的目的和标准，也是以人民为中心发展思想的本质要求。川渝毗邻地区要紧紧抓住城乡居民最关心、最直接、最现实的利益问题，聚力一体化发展，努力在幼有所育、学有所教、劳有所得、病有所医、老有所养、住有所居、弱有所扶上不断取得新进展。

第二节　推动川渝毗邻地区公共服务普惠共享

公共服务普惠共享是促进区域经济一体化的重要保障，是经济区与行政区适度分离过程中促进人力资源有序自由流动的重要支撑。探索推动经济区与行政区适度分离，需要建立川渝毗邻地区公共服务一体化发展联席会议制度，协商打破行政壁垒和条块分割，推动数据信息交换，促进川渝毗邻地区的公共资源优化配置和公共服务普惠共享。

一、破除公共服务供给的区域性限制

要破除公共服务供给的区域性限制，就要加快破除区域行政壁垒，着力消除地域身份歧视和地方保护主义。一是全面放开放宽城市落户限制，

即进一步深化户籍制度改革，促进劳动力从农村加快向城镇转移、在毗邻地区之间自由流动；对乡转城和川渝范围迁居人口降低落户门槛、简化落户程序，并试行以经常居住地登记户口制度。二是优先推进基本公共服务共建共享，即全面消除地域身份类公共服务享受资格门槛，重庆要带头打破区域限制，推动毗邻地区各市（区、县）在教育、就医、商品房购买、保障性住房申请、就业创业扶持等公共服务方面，面向毗邻地区居民全面开放，保障毗邻地区居民与本地居民同等享有基本公共服务。三是率先推进优质公共服务合理共享。优质公共服务合理共享是顺应多层次人才合理流动的关键举措，也是吸引各类人才、增加人口规模的重要手段。重庆要率先在毗邻地区推动优质公共服务合理共享，探索建立向川渝毗邻地区合理供给优质服务的新机制、新体制。四是推动各地公共服务资源按常住人口规模配置，即分城乡，不分地域，有序推进农业转移人口市民化，建立教育、医疗、住房等基本公共服务与常住人口挂钩机制。川渝两省市均按照常住人口规模对各市（区、县）进行公共服务资源配置和相应财政投入。

二、建立跨区域服务的信息共享平台

促进数据共享和平台互通，提升区域政务便利化、标准化水平，是推动川渝毗邻地区公共服务普惠共享的重要抓手。一是推动政府之间数据信息共享，即探索建设川渝毗邻地区公共服务数据共享清单，统一数据标准，实现数据标准化、清单化、集成化管理；推动数据资源体系架构对接统一，促进数据平台全方位对接；建立健全公共服务数据跨区域开放制度，明确制定数据开放计划时间表。二是打造政务数据共享平台，即按照"统一建设、共享使用"的集约化建设模式，整合各市（区、县）现有电子政务基础资源和公共服务基础数据库，有序推进建设毗邻地区统一的公共服务政务数据资源开放共享平台。三是促进"渝快办"和"蓉易办"联网互认，即针对移动终端的广泛使用，以现有"渝快办"和"蓉易办"两大网上政务平台为引领，加快推进成渝地区双城经济圈政务服务无缝衔接，对区域内企业搬迁、人口迁移等跨行政区事务，鼓励相互开设网上绿色通道；以网上政务为优先对接口，跨行政区全面推行"一窗综办、集成服务"，推动两地协同深化"最多跑一次改革"。

第三节　统筹推动公共服务资源一体化配置

统筹推动公共服务资源一体化配置，就是要编制川渝毗邻地区公共服务一体化发展规划，以常住人口和经济流量为导向协同布局公共服务机构和设施，加强公共服务人才队伍共建共享，传递民生温度，助力资源要素自由流动和区域发展动能培育。

一、推动川渝毗邻地区机构设施协同布局

要想推动川渝毗邻地区机构设施协同布局，就要协同布局毗邻地区公共服务机构和设施，着力提升机构设施服务效能，避免重复建设和资源浪费。一是编制专项规划，即在建立联席会议制度基础上，推动毗邻地区联合编制公共服务一体化发展专项规划，摸清毗邻地区公共服务机构设施家底，共同协商定位分工，统筹布局新建设施，联合争取国家级、省（市）级机构落地。二是服务机构设施布局以常住人口和经济流量为导向。一方面，公共服务机构和设施布局要与区域常住人口规模相适应，与当前经济体量和未来经济流量相契合，与区位条件、产业结构、城镇建设高度相关联；另一方面，公共服务机构和设施布局要与人口结构和产业结构相适应，不同市（区、县）根据人口年龄结构、学历结构、就业结构等布局的教育、医疗、养老、文化、就业等机构设施应该各有侧重。三是服务机构设施布局须注重发挥比较优势，即根据毗邻地区 31 个市（区、县）在科技、教育、医疗、文化、体育、就业、养老等不同领域的资源禀赋和历史基础，推动各市（区、县）差异化定位、特色化发展，着力发挥其在公共服务领域的比较优势，在每个服务领域集中布局 2~3 个具有国家层面影响力的服务机构，培育壮大公共服务集群。

二、促进人力资源合作开发和共同利用

要想促进人力资源合作开发和共同利用，就要重点围绕毗邻地区的经济中心、经济腹地和经济网络，着眼区域经济一体化发展，共同加强公共服务人才队伍建设，共享人力资源开发红利。一是加强公共服务人才培训培养，即支持毗邻地区高等院校、中等职业院校增设护理、幼师、药剂师等公共服务相关学科专业，扩大专业服务和管理人才培养规模；健全从业

人员继续教育制度，强化定岗、定向培养，完善远程教育培训。二是鼓励人才交流轮岗，即加快探索建立四川和重庆、公办与非公办公共服务机构的人才培养合作机制；各市（区、县）同领域服务机构结成联盟，加强专业交流，定期友好互访；对到不同区域、不同层级、不同性质的服务机构进行轮岗挂职的人才，优先考虑职务职称晋升。三是促进人才合理流动，即毗邻地区协同深化公办机构人事制度改革，统筹推进职称评定聘用改革，健全公开招聘和竞争上岗制度，推动公共服务从业人员保障社会化管理，打破人才流动行政藩篱；完善基层人员工资待遇、职称评定、社会保险等激励政策，鼓励人才到基层服务锻炼。

三、率先强化重庆地区公共服务资源配置

要想率先强化重庆地区公共服务资源配置，就要基于重庆中心城区相对成都而言对川渝毗邻地区辐射半径较短的地理现实，勇于担当，敢于作为，率先强化毗邻地区公共服务资源配置，助力毗邻地区公共服务水平提升和一体化发展。一是重点加强优质教育资源配置，即依托中心城区科教资源，推动义务教育、高中教育、学前教育、职业教育等优质教育资源全面向毗邻地区倾斜，以高水平办学条件扩大辐射范围。二是重点提升医疗卫生服务能力，即加强重大疾病和突发急性传染病跨区域联防联控；推动优质医疗资源向毗邻行政区布局，按照适度超前、辐射毗邻的原则配置中心镇医疗卫生资源。三是重点加强劳动就业创业服务，即以流动人员为重点，强化人事档案管理、职业介绍、就业培训、创业指导、劳动权益保护等，健全覆盖城乡、川渝的公共就业创业服务体系，打造就业创业高地。四是重点加强住房保障，即加大毗邻地区保障性安居工程建设力度，鼓励工业园区、专业市场建设配套住房、人才公寓等；降低公租房准入条件，不分城乡区域户籍，向务工人员提供住房保障。

第四节　健全公共服务投入协同增长机制

可靠且可持续的资金保障，是推动川渝毗邻地区公共服务一体化供给、不断提升供给质量和效率的关键因素。建立各市（区、县）、各领域的公共服务协同增长机制，意义重大。

一、建立公共服务财政投入稳定增长机制

财政投入是公共服务供给的主力军和风向标，建立稳定增长的财政投入机制是事业成败的关键所在。一是完善转移支付制度。有效的转移支付较辖区内增收扩支具有充裕的财力基础、规范的制度保证、较高层次的均衡水平等优势，是县级单元基本公共服务得到保障的有效途径。增强基层政府提供公共服务保障能力，须进一步完善转移支付制度，积极争取中央财政和川渝省级财政提高转移支付用于公共服务的规模占比，重点向川渝毗邻地区的市（区、县）倾斜，重点向短板领域、薄弱环节倾斜，保障财政转移支付用于公共服务的占比只增不减，争取与省级财政总收入同步增长。二是优化财政投入结构。川渝毗邻地区要合理划分各级政府关于各类公共服务支出责任，平衡经济产业领域、城市建设领域和公共服务领域的财政投入结构。尤其是县级政府，须着力摆脱以往重"面子工程"、轻公共服务的泥潭，加快转变政府职能，加强公共服务供给和相应领域财政投入。三是重点增加一体化投入。川渝毗邻地区在保障各地基本公共服务供给前提下，要合理增加一体化建议投入，重点加快公共服务一体化平台打造，着力建设川渝共建项目，密切开展交流交往活动，加快推动毗邻地区公共服务一体化发展。

二、建立公共服务供给的多元化投入机制

川渝毗邻地区要合理划分政府和市场的责任边界，在基本公共服务供给主体上，变政府"独唱"为政府、市场、社会"合唱"。一是建立地方财政协同投入机制，即充分发挥毗邻地区地方财政对重大公共服务设施项目建设的支撑作用，推动各市（区、县）财政投入协同、增长协同；由川渝两地共建公共服务财政协同投入机制，对跨区域建设的重大项目综合考虑其对各区域的正、负外部性影响，共同协商按一定比例注入建设资本金，进行建设成本横向分摊，并以此为基准进行后期项目收益分享。二是加大政府购买服务力度，即继续扩大政府购买服务范围和规模，完善政府购买服务指导性目录，以推动毗邻地区公共服务一体化为导向，制订教育、卫生、文化等重点领域政府购买服务实施方案；严格通过公开公平竞争，优选承接服务的社会主体，确保购买过程阳光透明；构建购买主体、服务对象和第三方共同参与的综合绩效评价制度。三是鼓励社会力量参与

服务供给，即扩大公共服务市场准入，完善相关优惠政策，通过建设资金补助、运营补贴、规划保障、水电气热价格优惠、依法减免行政事业性收费等方式，积极吸引企业、社会组织、个人等社会力量参与，建立公共服务多元主体供给新格局；深化社会公共服务领域投融资体制改革，充分发挥政府投资的引导作用和放大效应，发挥产业引导基金作用；探索采用PPP模式（政府和社会资本合作模式）开展公共服务一体化项目建设，通过注入资本金、项目补贴、贷款贴息、贷款担保等方式，支持社会资本投资公共服务业。

三、创新建立区域公共服务政策调控机制

川渝毗邻地区涉及 31 个市（区、县），须兼顾不同地方政府的利益和成本，既要尊重特点差异，又要促进均衡一体。一是实行差别化的区域公共服务政策，即充分考虑区域特点，既要充分发挥区域比较优势，又要加快补齐区域短板弱项，提高公共服务一体化发展，促进政策的精准性和有效性，因地制宜地培育和激发区域发展动能；优先选择在经济区打造一批公共教育、健康医疗、社会保障、公共就业等一体化示范区。二是建立健全区域公共服务政策与其他宏观调控政策联动机制，即加强区域公共服务政策与财政、投资等政策的协调配合，优化政策工具组合；区域公共服务政策要服务于新型城镇化、乡村振兴、成渝地区双城经济圈建设等国家重大战略，围绕各地区自身定位和规划导向，配套运用财政政策、金融政策、土地政策等协同推进公共服务一体化，加大跨区域、一体化的重大民生项目支持力度。

第五节　推动"双核"优质公共服务资源向川渝毗邻地区延伸

当地政府要深入践行以人民为中心的发展理念，借助重庆主城、成都等优质公共服务资源，着力补短板、提质量、促均衡，推动川渝毗邻地区教育、医疗卫生、文化体育等社会事业实现跨越式发展。

一、提高川渝毗邻地区教育发展质量

当地政府要加强与成渝"双核"教育交流合作，采取"校地合作"

"校校合作"等方式，协同扩大优质教育供给，推动川渝毗邻地区教育高质量发展。一是推动优质职业教育资源向毗邻地区延伸，即面向毗邻地区产业发展需求，要鼓励支持重庆工程学院、重庆电子工程职业学院、重庆工贸职业技术学院、成都职业技术学院、四川建筑职业技术学院、四川交通职业技术学院等高职院校，通过"校地合作""校企合作"等方式，积极开展订单培养和现代学徒制试点，推动建立校企联合招生、联合培养、一体化育人的长效机制；支持合作共建工程技术中心、产品研发中心、技能大师工作室等，主动融入毗邻地区产业生产、技术、管理、服务和创新体系，切实提升高职学校服务和支撑毗邻地区产业发展的能力和水平。二是提升川渝毗邻地区基础教育水平，即鼓励重庆巴蜀中学、南开中学、重庆一中、成都七中、树德实验中学、成都外国语学校等优质教育资源与毗邻地区建立教育结对帮扶机制，推动共建基础教育校长及教师培训联动平台，实施成渝"双核"名优教师对毗邻地区教师进行跨区浸润式培养计划，定期派优秀教师到毗邻地区为青年教师授课评课；建立基础教育高端人才流动制度，实施成渝"双核"新晋特级校长、特级教师赴川渝毗邻地区学校任职任教制度，扶持毗邻地区学校发展，不断提升毗邻地区教师专业素质能力。三是大力发展远程教育，即整合成渝"双核"优质教育资源，充分运用互联网、云计算、大数据等新一代信息技术创新教学模式，对教育内容、组织方式、教学流程等进行改造赋能，开发网络同步课堂、专递课堂、网络研修等教学教研产品，形成覆盖中小学各年级各学科版本、更新及时的互联网教育资源体系；借助网络直播形式进行联合教研活动，推动联盟内或校际教育资源共享，让川渝毗邻地区师生能实时享受优质教育服务。

二、推进优质卫生医疗资源互惠共享

当地政府要加强医疗卫生联动协作，采取"院院合作""院校合作""专科联盟"等方式，争取成渝"双核"优质医疗资源辐射带动，提升川渝毗邻地区卫生医疗发展质量。一是推动医疗平台共建共享，即鼓励支持陆军军医大学附属医院、重庆医科大学附属第一医院、华西医院、四川省人民医院等三甲医院与川渝毗邻地区合作组建医疗联合体、医院协同发展战略联盟，建设一批高质量医疗机构，协同扩大优质医疗资源供给；支持毗邻地区医院与成渝"双核"名院在远程医疗、紧急救援协作、卫生人才培养、学术交流等方面开展合作，提升毗邻地区医疗水平。二是推进成渝"双核"名医到川渝毗邻地区行医，即按照《关于推进和规范医师多点执业的若干意见》的要求，结合四川和重庆的医师多点执业管理办法有关规定，鼓励陆军军医大学附属医院、重庆医科大学附属第一医院、华西医院、四川省人民医院等三甲医院医生定期到川渝毗邻地区开展授课、坐诊、指导疑难、危重病例处置、医师的指导及培训等工作，不断提高毗邻地区疾病诊疗水平。三是推动川渝毗邻地区智慧医疗发展，即进一步完善远程医疗制度建设，鼓励支持成渝"双核"三甲医院建设互联网医院，充分发挥远程医疗服务在下沉医疗资源、方便群众就近就医方面的积极作用，开展互联网会诊、远程超声检查、远程机器人手术等远程医疗服务，推动远程医疗服务常态化，推动毗邻地区人民就近享受优质卫生医疗资源。

三、共建现代公共文化体育服务体系

当地政府要加快推动成渝"双核"优质公共文化体育产品向川渝毗邻地区延伸，努力扩大公共文体服务的覆盖面，让川渝毗邻地区居民就近方便地享受高质量的公共文化体育服务。一是共建共享公共文化服务优势资源，即鼓励重庆中心城区、成都的博物馆、图书馆和文化馆到川渝毗邻地区设立分馆，构建博物馆、图书馆和文化馆等机构联盟；以毗邻地区功能平台为抓手，推出一批文化精品工程，培育一批文化龙头企业，共同开展公共文化机构和旅游服务中心融合国家级试点；打造巴蜀文化旅游公共服务融合发展示范区，全面提升川渝毗邻地区现代公共文化服务体系建设能力，促进公共文化服务高质量发展。二是推进体育公共服务融合发展，即加强与成渝"双核"合作，共同制定融合发展规划和政策，共建体育公共服务融合发展合作平台；建立体育部门结对或片区式、多主体参与的青少年体育赛事活动举办模式，推动成渝两地青少年体育夏（冬）令营、幼儿体育训练营等活动到川渝毗邻地区举办；结合川渝毗邻地区自然资源禀赋，共同策划一批户外精品群体赛事，不断提升公共体育惠民服务水平。

四、共建共享优质高效养老服务体系

当地政府要加强与成渝地区双城经济圈养老机构合作，鼓励成渝"双核"社会资本到川渝毗邻地区兴办养老服务机构，提升毗邻地区养老服务

水平，打造面向成渝地区双城经济圈的健康生活目的地，努力实现高品质养老服务的共享发展。一是大力引进高端医养结合体，即充分发挥毗邻地区生态资源优势，推动成渝"双核"高端医养结合体与川渝毗邻地区生态资源"联姻"，共建养老机构及服务设施，探索异地养老服务机制；支持万州、合川、永川等川渝毗邻地区建设面向成渝地区双城经济圈的康养基地；鼓励国内外知名的医疗、养老机构企业到川渝毗邻地区投资创办健康养老服务机构，快速提高川渝毗邻地区医养服务发展水平。二是搭建"云健康"养老服务平台，即利用成渝"双核"先进的网络技术，推行"互联网+养老"模式；依托重庆养老服务大数据平台，建立集应急救助、康复医疗、助老照料等服务功能于一体的"云健康"养老服务平台，为川渝毗邻地区广大老年人提供健康咨询、疾病预防、医疗保健、调理养生、家政服务和定位急救等周到、便捷的医养服务。

第六节　推动川渝毗邻地区政策协同对接

当地政府要突破行政区划障碍，实现川渝毗邻地区公共服务制度对接、待遇互认、要素趋同、流转顺畅、差距缩小，加速公共服务一体化进程，为资源要素自由有序流动提供条件。

一、推动川渝毗邻地区公共教育政策对接

当地政府要围绕缩小区域教育质量差距、促进公共教育均衡发展、完善配套政策，着力破解教师跨区域流动、联合教研、组织管理、资源共享等方面的障碍，以提升跨区域教育合作质量。一是构建跨区域联合联动机制，即加强规划引领，共同制订川渝毗邻地区教育一体化发展规划，联合发布区域教育发展计划；协同开展"成渝毗邻地区招生协作"项目，互相选派优质职业学校跨区域招生；推行学区化管理、集团化办学，简化随迁子女入学条件，积极解决外来务工人员子女上学问题；建立跨区域联合督导机制，实施对区（县）合作的监督考核，将跨区域项目列入各区（县）教育工作评价指标和综合督政范围；在督导过程中，强化对参与主体合作态度和行为的考核，淡化合作项目的数量等"摊指标"方面的考核。二是强化合作要素保障，即川渝省（市）级教育行政部门要为毗邻区（县）合作安排相应的经费，保障委托管理、项目合作、教师流动、学校建设运行

等工作的实际需要；加强人才保障，在教师编制、职称评定、专业成长、绩效工资总量统筹安排等方面予以适度倾斜，激发成渝"双核"名校派名师到毗邻区（县）支教的积极性。

二、推动川渝毗邻地区健康医疗政策对接

当地政府要加强医保目录、医保报销政策和医疗服务价格政策衔接，实现优质医疗资源跨区域流动，逐步改善患者就医体验。一是完善医保跨省（市）结算，即完善异地就医直接结算，分批实现跨区域门诊业务的直接结算，将普通门诊和个人账户药店购药率先纳入跨省（市）异地就医直接结算；在基本医疗保险异地就医联网结算条件下，推动川渝毗邻地区帮扶患者实行"先诊疗后付费"。二是创新医疗服务跨区域合作机制，即推进医疗服务检验检查结果互认，实现川渝毗邻地区二级公立甲等综合医院检验检查结果互认；建设统一的临床检验质量控制标准和平台，实现医学检验检查结果跨地区、跨机构互认，积极开展疑难疾病联合攻关和重大疾病联合会诊；推广电子病历，推进各医疗机构使用通用病历；率先推动社会保障卡"一卡通"，实现基本医疗保险关系无障碍转移接续，方便持卡人在异地医疗保险定点机构刷卡购药就医。三是建立突发公共卫生事件应急指挥联动制度，即签订卫生应急联防联控合作协议，建立卫生应急和传染病疫情信息共享机制；川渝毗邻地区对突发急性传染病疫情信息进行通报，实现预警信息及时共享；建立突发事件卫生应急处置协作机制，在应急队伍、专家资源和救援物资上争取川渝省（市）级相关部门给予协作支持；完善重大疫情联防联控、监测预警与重大突发事件应急协同处置机制，逐步建立统一的急救医疗网络体系，实现急救信息共享和急救网络连通。

三、推动川渝毗邻地区社会保障政策对接

当地政府要在社会保障、生活保障、住房保障等方面做好政策制度对接，促进制度体系渐进融合发展。一是加快川渝毗邻地区社会保障制度的衔接，即统一区域内各类社会保险政策标准、经办服务和信息系统，推动川渝毗邻地区互认各类社会保险关系及参保年限，实现社会保险区域内异地办理，保险关系无障碍转移接续；推动工伤医疗康复协议服务机构、劳动能力鉴定结论和养老、失业、工伤保险待遇领取资格认证结论互认。

二是推进养老服务协作发展，即探索"养老扶持政策跟着户籍老人走"的机制，推进政策外哺和互惠共益，试行养老服务补贴异地结算制度，让川渝毗邻地区异地养老的老年人享受户籍所在地的各类养老服务补贴，促进老年人共享各类养老服务资源；建立统一的养老服务设施建设和管理服务标准，实行养老服务信息互通互联，区域内养老机构、企业或社会组织享受同等扶持政策。三是推动住房保障共享，即推动川渝毗邻地区住房保障信息互联共享，探索在川渝毗邻地区开展异地互助公开对方城市的公租房保障政策、申请渠道、房源情况等信息，方便群众异地申请公租房；研究推动川渝毗邻地区居民在纳入工作所在地住房保障范围的基础上，享受与本地市民同等的住房保障待遇；完善两地住房公积金转移接续、互认互贷机制，支持川渝毗邻地区购房享受同等待遇。

四、推动川渝毗邻地区公共就业政策对接

当地政府要以促进社会就业更加充分和优化社会人力资源配置为出发点，构建统一规范的公共就业服务制度体系。一是协同推进人力资源市场要素配置，即共同建立人力资源服务管理协作机制，进一步优化两地人力资源流动政策；建立就业服务共享协作机制，完善配套政策，逐步实现川渝毗邻地区人力资源公共服务异地通办；完善人才评价区域协作、职称证书区域互认机制，推行双向兼职、互派挂职、技术"联姻"、项目合作等引才用才模式。二是共同推进公共就业创业服务，即建立统一的公共就业服务项目、服务流程和服务标准，加强技能培训和指导，共享创新创业孵化基地（园区），共建创业导师库、创业项目库，共同开展创业培训；实施有针对性的促进就业项目和计划，帮助高校毕业生、农民工、退役军人等重点群体就业创业。三是深化劳务领域合作，即建立川渝毗邻地区农村劳动力及农民工资源数据库，推进川渝毗邻地区农村劳动力信息系统互通互联、资源共享共用；共同开展川渝毗邻地区户籍农村劳动力资源调查，完善农民工供求信息和岗位信息联合发布制度，互设劳务办事机构和农民工工作服务站（点）；联合开展大规模职业技能培训，提高劳动者就业创业能力；建立劳动关系协调、劳动人事争议调解仲裁、劳动保障监察协调联动和信息共享机制。

第十章　川渝毗邻地区公共服务一体化发展措施建议

公共服务一体化既是川渝毗邻地区协同发展的重要目标，也是实现川渝毗邻地区协同发展的重要动力。川渝毗邻地区需要多措并举加强区域公共资源统筹和公共服务设施建设，提升区域整体公共服务供给能力。本书对川渝毗邻地区公共服务一体化发展措施的建议是：加强组织保障、推动试点先行、强化区域合作。

第一节　加强组织保障

一是加强顶层设计做好组织领导。当地政府要建立健全成渝毗邻地区公共服务一体化发展的顶层设计，强化组织协调，建立有效管用的一体化发展新机制，抓好督促落实，全面促进成渝毗邻地区公共服务一体化发展；依托两地推动成渝地区双城经济圈建设领导小组，建立川渝毗邻地区公共服务一体化重点领域制度规则和重大政策沟通协调机制，实行定期会晤制度。二是建立健全共建共享协商合作的体制机制。当地政府要推动行政区与经济区适度分离，实现公共服务资源在川渝毗邻地区跨行政区域的合理流动与优化配置，打破行政壁垒和条块分割；探索划分内部各级政府事权，进一步完善城市体系公共服务分工体制；加快构建全方位、深层次、立体化的公共服务共建共享协商合作机制，加强政府之间的纵向沟通和部门之间的横向联系，提高政策制度统一性、规则一致性和执行协同性。三是推动规划统筹，促进落地见效。当地政府要建立充分的两地内部协作机制和规划对接机制，加强川渝毗邻地区公共服务规划衔接，推动区域公共服务空间规划协调发展，推进公共服务发展规划、实施方案和工作计划落地见效，让川渝毗邻地区的公共服务资源根据经济社会发展规律和市场需求有效统筹配置。

第二节　推动试点先行

一是以项目为载体推进公共服务一体化。当地政府可以选择部分合作基础较好的地区先行开展试点，以项目为载体探寻毗邻地区公共服务一体化试点；以教育、医疗为引领，以渝北、广安、潼南、遂宁等作为区域协同发展先行区，加强对项目运行质量和效率进行评价，因地制宜稳步推进公共服务一体化，由此推动区域一体化。二是注重对各类涉及制度创新内容的试点。当地政府要注重完成各类涉及创新制度的改革任务，加强公共服务一体化的制度相关内容的试点，包括公共服务领域行政区与经济区适度分离改革以及需求管理制度、合格供应商制度、政府投资后续管理制度、服务资源共建共享机制等。三是及时追踪评价复制推广经验。当地政府要不断探索川渝毗邻地区统筹合作机制，及时追踪公共服务一体化发展中出现的新情况新问题；对不符合资源优化配置的相关法律法规，要及时按程序抓紧推动调整完善，将促进一体化发展的体制机制及时在成渝地区双城经济圈及西部地区推广应用。

第三节　强化区域合作

一是建立统一公共信息服务平台。当地政府要充分利用区块链、人工智能、物联网、云计算等先进技术，借鉴先行地区经验和先进的公共服务理念、技术和方法，构建川渝毗邻地区公共服务大数据平台，促进数据共享和资源整合，推动公共服务信息互联、标准互认、资源共享，加快实现异地入学、就医、就业一体化，推动实现公共服务供给的智慧化、便捷化。二是提高社会基本保障转移接续便利化。当地政府要努力实现区域内基本公共服务标准的互认与对接，建立养老、医疗、工伤等社会保险协同互认机制和社会保险基金风险防控合作机制，支持率先实现跨区域门诊业务医保直接结算，推进养老、医疗、失业保险关系无障碍转移接续；健全住房公积金跨区域转移接续和互认互贷机制，进一步优化跨省户籍迁移；完善户籍迁移便利化政策措施，推动户籍迁移网上办理和公租房保障范围常住人口全覆盖。三是稳步实现公共服务多元化供给。当地政府要努力探索公共服务有政府、企业、非营利性组织、公民个人等在内的多元化供给模式发展，将供给重心转向基础公共服务，与市场、非营利性组织、公民提供的社会公共服务形成优势互补、相互协调合作。在政府的主导下，川渝毗邻地区要积极发挥市场作用，完善公共服务市场准入制度，明确市场主体的资质要求，细化公共服务领域进入方式、程序以及资金偿付方式等，鼓励有实力的市场主体进入公共服务领域；通过财政补贴、贷款贴息、税收优惠等举措，培育壮大非营利性组织，充分发挥非营利性组织在公共服务中的积极作用。

专题二　供给侧结构性改革视域下公共服务精准化研究

当前，世界经济保持缓慢复苏态势，中国经济进入"新常态"，供给侧结构性改革的触角也延伸到与政府服务、群众利益密切相关的公共服务供给领域，助力中国经济持续稳定增长。与此同时，重庆市逐步进入中高收入阶段。国际经验表明，当人均 GDP 达到 5 000 美元后，中产阶级快速崛起，社会矛盾不断加剧，多样化公共服务需求增多，公共服务体系亟待完善。"十三五"规划提出，要"提高公共服务共建能力和共享水平、促进基本公共服务均等化、满足多样化公共服务需求"，如果说标准化是实现基本公共服务均等化的标尺和拖底，精准化则是实现基本公共服务均等化、公共服务多样化的重要手段和路径。在供给侧结构性改革的视域下，如何进一步转变政府职能，融入互联网、大数据等现代信息技术手段，通过精准化的政策设计，实现公共服务供给端与需求端的更好对接及平衡，具有重要的现实意义。

第十一章 相关概念的界定及理论研究

第一节 公共服务的概念、特性、分类和公共服务供给的理论基础

一、公共服务的概念

"公共服务（物品）"的概念是休谟（1739）最早提出的，由萨缪尔逊（1954）加以规范。目前，学术界和政府文件中尚未对公共服务做出统一的、准确的定义。综合国内外专家学者的论述，公共服务的界定方法主要有以下三种：

（1）从产出形式的角度来定义的公共服务。从产出的不同形式来看，产出可分为产品和服务两种。产品的特征是有形的，生产和消费在时间与空间上是可以分离的；而服务的特征是无形的，生产和消费在时间与空间上是一体化的。据此来定义，即有些产出是有形的，如道路等，此为公共产品；而另一些无形的产出，如教育、卫生等，则称之为公共服务。

（2）从服务的角度来定义的公共服务。根据服务的特征来看，公共服务是指为社会公众提供的、基本的、非营利性的服务。其包括：第一，公共服务是大众化的服务。公共服务不是只为特定少数人提供的服务。第二，公共服务是基本服务。人们日常生活中离不开水、电、气、安全、教育、文化等方面的服务；否则，人们就不能正常地生活。公共服务是满足人们日常生活中基本需求的服务。第三，公共服务是内容广泛的服务。公共服务既要提供物质产品等，又要提供非物质产品等。同时，公共服务是一种低价位的服务，以保证人们能够持续性地消费。

（3）从公共行政与公共管理的角度来定义的公共服务。在公共行政与公共管理中，把所有涉及为公众利益服务的事物称为公共服务，这些公共

服务由各级政府以各种方式进行管理。例如，司法、警察、教育、卫生防疫、铁路运输和电力供应都属于公共服务范畴。显然，这里强调的是公众利益，即共同需要，而不是产品本身的有形或无形。

综合上述观点，我们认为，公共服务是面向公民提供的用于满足共同需要的公共产品及服务，包括加强城乡公共设施建设，发展社会就业、社会保障和科教文卫等公共事业以及为社会公众生活提供保障和创造条件，它具有公众性、公用性和公益性。

二、公共服务的特性及分类

公共服务具有非竞争性和非排他性两个特性。第一，公共产品可以联合消费，而且某个人对这类物品的消费不会减少可供其他人消费的数量，具有非竞争性。第二，公共物品一旦提供给某个人，就不能阻止其他人对这种物品的消费，或者想要禁止其他人消费这种物品至少要付出高昂代价，具有非排他性。按照不同标准，公共服务有以下两种分类方式：

1. 根据人的需求来分，公共服务可以分为生存服务、发展服务、环境服务和安全服务四类

生存服务是保障人的基本生存权，满足人生存的基本需要的社会公共服务，包括基本就业保障、基本养老保障、基本生活保障等基本社会保障，这类公共服务主要由政府提供；发展服务是保障公民的发展权，满足公民发展需要的社会公共服务，包括教育、医疗卫生、文化体育、民政等社会公共服务，这类公共服务可由政府、市场主体和第三部门提供；环境服务是满足公众生活环境需要的社会公共服务，包括公共交通、公共通信、公共设施和环境保护等，这类公共服务可由政府、市场主体和第三部门提供；安全服务是保障公民人身安全的社会公共服务，包括公共安全、消费安全和国防安全等，这类公共服务以政府提供为主。

2. 根据盈利与否及盈利程度来分，公共服务可以分为基本非盈利型、基本盈利型、选择非盈利型、选择盈利型四类

基本非盈利型，即事关公民基本生活生产需要，向社会免费提供的公共服务，如政策和法律咨询服务、安全保障、基础设施、义务教育、福利救济、健康免疫、空气及水等基本生活要素的监测与保护等；基本盈利型，即事关公民基本生活生产需要，有偿向社会提供的公共服务，如公用事业（水、电、气、电信）、物业管理服务、交通运输服务等；选择非盈利型，即为提高公民的生活质量或改善生产条件，应社会及公民要求而提

供，供给方仅收取服务成本费的公共服务，如社区服务、科学与技术服务、信息服务、广播电视事业、体育事业、文化与群众艺术服务、公益宣传等；选择盈利型，即为提高公民的生活质量或改善生产条件，应社会及公民要求而提供，有偿向社会及公民提供的公共服务，如特色教育、旅游服务、保健服务、娱乐服务、财产评估服务等。公共服务分类情况见表11-1。

表 11-1　公共服务分类情况

分类方式	类别	公共服务
根据服务特性	可排他性、非竞争性	准公共产品：教育、医疗卫生、社会服务、社会保障、公共住房、文化体育、就业服务、交通、市政等
	非排他性、可竞争性	准公共产品（公共资源）：地表、地下水资源、矿藏、公共广场等
	非排他性、非竞争性	纯公共物品：国防、社会治安等
根据人的需求	生存服务	保障人的基本生存权，满足人生存的基本需要，主要包括基本就业服务、基本养老保障、基本公共住房保障等基本社会保障
	发展服务	保障公民的发展权，满足公民发展需要，主要包括教育、医疗卫生、文化体育等社会公共服务
	环境服务	满足公众生活环境需要的社会公共服务，主要包括公共交通、公共通信、公共设施和环境保护等
	安全服务	保障公民人身安全的社会公共服务，主要包括公共安全、消费安全和国防安全等
根据盈利与否及盈利程度	基本非盈利型	事关公民基本生活生产需要，向社会免费提供的公共服务，如政策咨询服务、安全保障、社会治安、义务教育、基础设施等
	基本盈利型	事关公民基本生活生产需要，有偿向社会提供的公共服务，如公用事业（水、电、气、电信）、交通运输服务等
	选择非盈利型	为提高公民的生活质量或改善生产条件，应社会及公民要求而提供，供给方仅收取服务成本费的公共服务，如中高等教育、医疗卫生、社会服务、社会保障、公共住房、文化体育、就业服务等
	选择盈利型	为提高公民的生活质量或改善生产条件，应社会及公民要求而提供，有偿向社会及公民提供的公共服务，如特色教育、旅游服务、保健服务、娱乐服务、中介服务等

三、公共服务供给的理论基础

公共服务供给是指公共服务主体输入资源将其转化为具体公共服务绩效（输出）的过程。纵观经济学和公共管理学的历史，公共服务供给理论源远流长，引导着公共服务供给实践不断发展。梳理这些理论，从公共服务供给方式来看，主要存在三种代表观点：政府供给论、多元供给论和多中心供给论。

（一）政府供给论

"市场失灵"是政府供给论的认知前提。其主要观点是由于"搭便车"、外部性、信息不对称以及公共产品的特性等因素影响，市场不能有效地解决公共产品的供给问题，因此政府是公共产品最好的供给者，公共产品只能由政府来提供。

公共产品的思想源于对政府或国家职能的讨论。亚当·斯密在《国富论》中谈及国家的三大职责，其中之一就是建立和维持公共机构和公共工程。他同时指出，这类公共机构和公共工程虽然在极高的程度上是有利于大社会的，但是不能期望任何个人或少数人会去建立和维持，只能由政府来负责。1954年，保罗·萨缪尔森在其发表的《公共支出纯理论》一文中对公共产品下了经典的定义，即公共产品是"每个人对这种产品的消费都不会导致其他人对该产品消费减少的产品"。他同时指出，由于公共产品具有非排他性和非竞争性两大特征，市场供给公共物品会存在失灵现象，因此公共物品只能由政府来提供，政府是公共物品最好的提供者。

（二）多元供给论

长期以来，政府扮演着单一的、权威的公共服务供给主体角色，但自20世纪70年代开始，以反对国家干预、提倡在公共服务供给领域引入多元主体为核心的西方国家新自由主义思潮逐步兴起，从而使得公共物品多元化供给理论获得较快发展。在理论和实践上探讨治理"政府失灵"的公共服务供给方式，主要包括市场供给模式、第三部门供给模式和PPP供给模式。

1. 市场供给模式

布坎南的"俱乐部理论"从机制和组织的建立上解决了公共物品提供的收费问题。1970年，哈罗德·德姆塞茨在他的著名论文《公共物品的私人供给》中认为，如果有排除非购买者的能力，私人供给者可以有效率地生产公共物品。1974年，罗纳德·科斯发表了《经济学中的灯塔》，对英国早期的灯塔制度进行了翔实的史料研究，证明了灯塔由私人建造和收费的可能性，从而反驳了以往经济学家认为的"私营灯塔无法收费和无利可图导致了'市场失灵'"的观点。这些研究都从理论上证明在合适的条件和制度安排下，私人有可能有效地或者至少是有可能提供一部分公共产品。但是在实践中，从已有的研究成果来看，私人供给公共产品需要具备三个条件，即产品的准公共性、具备完善的排斥性技术和政府提供交易的制度保障。

作为一种理论思潮，以公共服务市场化供给模式为指导的公共选择学派，成为西方国家市场化改革的主导思想。该模式对市场的迷信、公私管理的混淆也遭到了众多学者强烈的批判，其最大的弊端在于可能导致政府监控权弱化及公共物品私人垄断优势形成。

2. 第三部门供给模式

20世纪80年代以来，全球掀起了一场范围广泛的所谓"结社革命"，即第三部门运动，成千上万的第三部门组织在慈善、宗教、环保、医疗、教育等传统公共行政活动领域发挥着越来越积极的作用。第三部门的兴起是在全球化浪潮、新公共管理运动、政府失灵以及通信技术和教育水平提高等现实因素的共同推动下形成的。按照美国学者莱斯特·萨拉蒙的观点，第三部门是指非政府、非市场的民间领域，它由非政府和非营利性组织构成，成为不同于政府控制、不同于市场营利性组织的社会自组织的治理机构。在公共服务供给方面，其具有贴近民众、行动灵活、创新性、专业性和广泛性等独特优势，能够弥补政府和市场双重失灵，增强公共产品生产和资源配置的社会化，提高社会资源配置的合理性和效率水平。但是，第三部门也常常会偏离志愿机制，形成"志愿失灵"现象。

3. PPP供给模式

20世纪90年代，英国率先提出公私伙伴关系（政府和社会资本合作模式）的概念，后来逐渐在许多发达国家和发展中国家加以推广应用。从广义上说，公私伙伴关系是指公共部门和私营部门共同参与生产并提供物品和服务的任何安排，世界银行则将广义的PPP分为服务外包、管理外包、租赁、特许经营、BOT/BOO和剥离六种模式。与政府供给、市场供给和第三部门供给模式相比，PPP供给模式有利于公共部门在非纯公共产品的提供中引进私人投资，同时在确保公平性的同时，引入了私营模式的管理技术，从而提高了公共产品供给效率，实现了公平与效率结合。然而，作为公共服务市场化改革的延续和深化，由于信息不对称、私营部门的"利己主义"动机、寻租行为等原因，供给模式也存在"契约失灵"的现象。

（三）多中心供给论

随着经济社会的快速发展，政府已经无法成为唯一的治理者，它必须依靠与民众、企业、非营利性部门共同治理与共同管理。以埃莉诺·奥斯特罗姆夫妇为核心的一批学者在公共管理领域创立了一种新的理论，即"多中心治理"理论。

多中心治理则强调以自主治理为基础，在公共服务供给过程中允许多个权力中心或服务中心并存。同时从经济学角度出发，将公共事务治理等同于公共服务的生产和提供，视公益物品或者服务的生产能够与公益物品或者服务的提供区别开来，其特点是允许并鼓励消费者、提供者和生产者在不同的综合层次混合和搭配运作。与传统的单中心供给模式相比，多中心供给模式在公共服务供给方面表现出三个明显的优点，即多种选择、减少"搭便车"行为和更合理的决策。由于多中心治理容易导致"无中心"的倾向，其对于冲突的解决和协调机制有更多的依赖。

公共服务供给模式比较见表 11-2。

表 11-2　公共服务供给模式比较

公共服务供给模式		供给主体	主要优势	问题	代表学者
政府供给论	政府供给模式	政府（单中心）	能够克服市场"搭便车"、外部性、信息不对称等不足	政府失灵	亚当·斯密、保罗·萨缪尔森
多元供给论	市场供给模式	市场（单中心）	引入市场竞争机制，提高公共服务质量和效率	市场失灵	哈罗德·德姆塞茨、罗纳德·科斯
	第三部门供给模式	第三部门（单中心）	具有贴近民众、行动灵活、创新性、专业性和广泛性等独特优势	志愿失灵	莱斯特·萨拉蒙
	PPP供给模式	公共部门和私营部门联合（单中心）	双主体、多主体供给，政企分开，提升管理效率，效率与公平兼顾	合约失灵	E. S. 萨瓦斯
多中心供给论	多中心供给模式	多元主体（多中心）	多种选择、减少"搭便车"行为和更合理的决策	"无中心"倾向	迈克尔·麦金尼斯、埃莉诺·奥斯特罗姆夫妇

第二节 公共服务精准化的内涵

一、公共服务精准化的界定

我国自"十一五"规划纲要提出推进基本公共服务均等化建设之后，又陆续提出公共服务标准化、精细化等操作路径。从文献梳理来看，公共服务精准化的研究主要脱胎于对公共服务均等化与差异化问题的分析，然而，无论是在实践上还是在学术研究上，对于公共服务精准化研究尚没有形成统一明确的界定。

研究者们分别从不同的角度出发，提出了对公共服务精准化的一些看法。早期的学者阿玛蒂亚（1982）重新界定了"差异化服务"，认为政府在实行差异化服务时，应该以全体公民的最根本的保障获得满足为前提，同时还应该考虑到公民个体需求的多样化。国内学者何军（2007）首次提出公共服务个性化的观点，在借鉴新公共管理理论的前提下，要求充分尊重个体的需求，既要满足欠发达地区、农村、相对困难群体的公共服务需求，又要兼顾发达地区、城市、相对富裕群体的需要，满足多层次需求。高新民和安筱鹏（2010）在研究现代服务业发展趋势中指出，服务的精准化是指服务产品实现了需求分析、服务过程、服务标准和服务质量的精准化，实现企业和个人对服务提供在时间、地点、方式、过程、质量、效率等方面的精准要求。在公共服务供给领域，樊平（2015）从民生事业角度出发论述了公共服务进村入户精准化的重要性，认为当前农村民生困境问题突出，要用精准化思维解决农村公共服务供给不足的问题。此后很多专家学者开始关注农村精准扶贫论题，如汪三贵和刘未（2016）阐述了精准扶贫的本质要求，是实现扶贫对象、项目安排、资金使用、措施到户、因村派人、脱贫成效"六个精准"。

"精准"即非常准确、精确之意。具体到公共服务领域而言，张帆等（2017）认为，"精"就是精细、精准、精确，是指公共商品和服务供给要注重质量和效果，要从需求方角度考虑公共商品和服务供给是否合意；"准"就是准确、及时并恰到好处，是指公共商品和服务的供给信息与决策是否正确，整个供给过程中是否存在信息不对称和道德风险，并提出公共服务精准化的关键是实现精准识别、精准服务、精准管理和精准考核。从上述学者的观点和政策实践来看，我们认为公共服务的精准化是立足人民群众差异化、个性化、多样化的公共服务需求，着眼于实现供给对象精准、供给内容精准、供给标准精准、供给方式精准、供给秩序精准、供给空间精准的供需双向互动模式。

二、公共服务精准化供给的路径探索

现有成果直接针对公共服务精准化的研究相对较少，但一些研究关于供需适配思路以及"为谁服务"（客体）、"谁来服务"（主体）、服务内容的定位仍给我们一些启发。

张鸿雁（2016）认为，中国是一个典型的存在区域差序化格局的社会体系，公共产品和政策的供给必须具有分区域、分层次和分类型的针对性指导功能，通过实施有针对性、有效性、精准的解决方案，实现对现阶段公共服务短板问题的解决。陈水生（2014）为了实现公共服务的精准化、适配性和有效化，需要将自上而下的公共服务决策与自下而上的需求表达结合起来，实现供给决策与需求表达的无缝对接与融合。文蔚（2014）在论述公共服务差异化供给时提出，差异化是在均等化取向下由政府主导、多方力量共同参与，鼓励公众积极表达公共服务诉求，针对不同地区、城乡、群体之间提供有差别的、分层次的、分重点的公共服务。他将公共服务分为保障性和发展性两类，并构建了公众需求和供给能力从低到高、从单一到多元的发展框架。康健（2016）从需求侧的角度出发认为准确表达公共服务需求、感知需求、满足需求是实现公共服务精准化供给的前提。公共服务精准化的供给侧结构性改革应当是需求导向，需要建设畅通渠道、表达激励、完善供给决策。王茜等（2017）认为，公共服务的精准配置关键在于摸清服务对象的人口学特征。杨慧（2016）、赵超等（2017）则主张将大数据应用于公共服务领域中，大数据具有的全样本化、精准化、个性化等特点与公共服务精准化供给具有耦合性，有助于实现公共服务供给与需求的精准匹配和无缝对接，促使公共服务由粗放式供给向精准化供给转变。

第三节　供给侧结构性改革的概念及政策主张

一、供给侧结构性改革的概念

针对我国当前经济发展过程中长期存在的结构不合理现象，2015年11月，习近平总书记在主持中央财经领导小组第十一次会议时指出，在适度扩大总需求的同时，我国要着力加强供给侧结构性改革。2016年1月，习近平总书记在省部级主要领导干部学习贯彻党的十八届五中全会精神专题研讨班上的讲话中强调，供给侧结构性改革不是西方供给学派的翻版，强调供给而不忽视需求，矛盾主要方面是供给侧。2016年5月，习近平总书记在中央财经领导小组第十三次会议上从时代背景、根本目的、主攻方向和本质属性等方面对供给侧结构性改革进行了具体阐述。2016年7月，习近平总书记在经济形势专家座谈会上首次对坚定不移推进供给侧结构性改革提出了有力、有度、有效的新要求。2016年1月4日，《人民日报》在头版发表社论，明确提出了供给侧结构性改革的定义，即从提高供给质量出发，用改革的办法推进结构调整，矫正要素配置扭曲，扩大有效供给，提高供给结构对需求变化的适应性和灵活性，提高全要素生产率，更好满足广大人民群众的需要，促进经济社会持续健康发展。

对供给侧结构性改革内涵的理解，需要抓住三个关键词，即"供给侧""结构性"和"改革"。"供给侧"意味着从前文所提及的要素供给、产品供给和制度供给三个层面入手，改变我国的宏观生产函数；"结构性"意味着这项改革的重点是围绕影响宏观生产函数的诸多结构性问题寻找解决之策；"改革"则意味着要通过体制机制改革，完善制度供给，为在新常态下新旧动能转换提供引擎。2017年，中央经济工作会议也对供给侧结构性改革的目的、主攻方向和根本途径做了新的阐述，即供给侧结构性改革的最终目的是满足需求，主攻方向是提高供给质量，根本途径是深化改革。

二、供给侧结构性改革的政策主张

一般认为，经济增长由供需两侧共同决定。在需求侧，政府依靠宏观财税货币政策为主要手段来调控"投资、消费、出口"三驾马车，促进经济短期增长；在供给侧，则有"劳动力、自然资源、资本、创新"四大要素参与经济活动，共同作用决定经济中长期（潜在）增长。我国过去主要注重采用针对需求侧要素的调控手段，而供给侧结构性改革就是要将供给侧要素也纳入调控范围，通过制度创新，促进要素充分供给与最优配置，从而实现经济质量和数量的双增长。从整体上看，供给侧结构性改革需要从以下三个层次解决供给问题：

一是要素供给问题。集约节约的要素配置是有效、优质产品供给的前提条件。如何提高要素配置效率，特别是能够保持相对稀缺、边际产出更高的技术和高素质劳动等生产要素供给量的不断增长，是供给侧要研究的重点问题。此外，如何减少阻碍要素流动的障碍，实现生产要素的市场化配置，也是供给侧关注的焦点。

二是产品和服务供给问题。为市场既提供有效的产品供给又提供优质的产品供给，是供给侧结构性改革的最终目的，重点在于产品和服务的提供要适应需求结构的变化。从现实中看，消费者的效应函数不是一成不变的，而是随着新的商品和服务的出现不断变化的。供给侧结构性要解决的问题，就是要根据需求结构变化，生产并提供有效、优质的商品和服务，实现供求关系的动态均衡。

三是制度供给问题。通过体制机制改革形成新的制度供给，是供给侧结构性改革的重中之重，没有新的制度供给做引擎，要素供给和产品供给将无从谈起。制度是决定各种要素投入能够形成何种规模和结构的关键因素。我国要充分发挥市场在资源配置中的决定性作用，以使消费者追求效用最大化和生产者追求利润最大化达到供求均衡；同时，要充分发挥好政府的积极作用，通过创新、劳动、金融、资源产权、土地利用、教育体制等多个领域的改革，积极解决"市场失灵"问题，引导要素向需求层次更高的领域配置，推动供求平衡向高水平跃升。

第四节　供给侧结构性改革与公共服务供给的关系研究

"供给侧结构性改革"自提出后，受到了学界的广泛关注，关于供给侧结构性改革与公共服务供给的研究也层出不穷，从大体上看，主要集中在三个研究领域：一是供给侧结构性改革与公共服务供给的理论研究；二是公共服务供给侧结构性改革的具体实践研究；三是供给侧结构性改革促进公共服务供给的路径研究。

一、供给侧结构性改革与公共服务供给的理论研究

此类研究主要集中在探讨供给侧结构性改革对改善公共服务的重要作用方面。李洪佳和沈亚平（2017）认为，以需求理论为导向的供给模式导致了我国出现公共服务"供给整体不足"及"供给错位"问题，公共服务的有效供给应从供给侧结构性改革入手进行理论修正与现实探讨。罗晓蓉（2018）认为，我国社会主要矛盾发生变化的新特点日益表现为供给、需求和满足三者之间不均衡不充分，但矛盾的主要方仍然在于供给。供给侧结构性改革就是要解决经济领域，特别是其中的基本公共服务供给"短板"问题。高海虹（2017）从地方政府的角度出发，提出将供给侧结构性改革引入地方政府公共服务领域，通过供给端改革发力向需求端传导，是实现公共服务供需均衡、提升公共服务效率的创新途径。张雪晴（2017）认为，公共服务供给侧结构性改革在推进公共服务事业又好又快发展的同时，弥补了民生发展的短板，扩大公共服务供给，有利于满足民生需求。韩骉（2017）认为，提升我国公共服务质量，应坚持在公共服务主体多元化、公共服务项目标准化、公共服务趋势精准化和公共服务成果公开化的原则。康健（2016）提出公共服务供给是"需求—供给"的过程，充分了解并准确理解公共服务需求，是实现有效供给、精准化供给的前提。公共服务精准化的供给侧结构性改革应当是需求导向，需要建设畅通渠道、表达激励、完善供给决策。

二、公共服务供给侧结构性改革的具体实践研究

此类研究从公共服务的农村公共服务、公共文化、公共体育、旅游等具体领域出发，探讨具体领域供给侧结构性改革面临的问题并提出相应的建议措施。崔昱晨（2016）在对地方政府在改革中的责任地位进行分析的基础上，提出了农村公共服务供给侧结构性改革的健全各级政府财政分配机制、完善行政绩效考评机制、完善农村公共服务供给体系等具体措施。叶继红（2018）以苏州市为例，分析了当前苏州公共服务供给存在的总量不足、结构失衡、多层次公共服务供给不足、社会资本发育不足等问题，并提出了相应的路径措施。葛红兵（2016）基于对上海公共文化的分析，提出探索适合上海国际文化大都会、国际创意城市建设的公共文化服务新模式，认为当地政府应构建政府、企业和公益性志愿机构多主体参与的竞争机制，激发文化服务"全要素生产率"的提升。何静（2018）分析了当前我国农村公共文化服务供给主要存在的供给不足、供给不均和供给无效

问题。郑丽（2016）、马玉龙（2018）提出了我国应促进公共体育服务精准化供给发展。马云超（2016）、高海虹（2018）提出了公共图书馆服务供给侧结构性改革的思路和方法。夏杰长（2017）提出了旅游公共服务供给侧结构性改革的理论依据及其实现路径，并从制度政策、科技政策、人力资源政策和财政政策四个方面着手构建旅游公共服务政策体系。

三、供给侧结构性改革促进公共服务供给的路径研究

此类研究从供给侧结构性改革视角出发，提出当前公共服务供给侧结构性改革应着力的方向及路径。杨宜勇（2016）大力推进公共服务体系供给侧结构性改革，促进社会力量参与公共服务事业发展，推进"政社"分开，加强"政社"合作，分类实施扶持政策，推动社会组织发展。陈晓欣（2018）认为，公共服务供给侧结构性改革不仅要提高公共服务均等化程度，更要重视源头性的公共生产质量水平的提升和公共生产结构的转型，可以通过强化政府治理能力、创新驱动发展理念、加快国有企业改革等方式有效促进公共生产。张紧跟（2018）基于治理视阈提出深化基本公共服务供给侧结构性改革的具体思路，其一方面通过强化地方政府的基本公共服务供给意愿和完善公众参与机制，精准对接公众基本公共服务需求；另一方面，在完善基本财力保障的基础上完善基本公共服务协作治理机制，有效实现公众的基本公共服务需求。王玉龙（2018）认为，基本公共服务供给侧结构性改革的目标导向在于实现满足公众真实需求的精准供给，通过数据治理可以提供对差异化需求的精准识别技术，从而实现对公众真实需求的精准识别，这对推进基本公共服务供给侧结构性改革具有重要意义。

国外学者关于公共服务供给的理论，对公共服务精准化供给提供了较强的理论基础支撑。国内学者关于供给侧结构性改革与公共服务关系的研究以及关于公共服务精准化的零星探索，也为我们分析重庆供给侧结构性改革视域下公共服务精准化供给问题提供了较好的基础和借鉴。

特别是进入新时代以来，我国社会的主要矛盾是人民日益增长的美好生活需要和不平衡不充分的发展之间的矛盾。社会主要矛盾的转化对公共服务供给提出了新的要求，要提高供给质量，转变供给模式，进一步推进基本公共服务供给侧结构性改革，从而满足人民对美好生活的需要，实现更加平衡、充分的发展。从上述分析来看，供给侧结构性改革是当前国民经济和社会发展改革的主线，公共服务精准化供给既是供给侧结构性改革的内在要求，也是改革的目标导向。

第十二章　供给侧结构性改革视域下的重庆公共服务精准化评估

第一节　公共服务供给取得的成绩

党的十八大报告指出，我国必须加快建立政府主导、覆盖全民、可持续的基本公共服务体系。"十三五"规划提出，我国要提高公共服务共建能力和共享水平、促进基本公共服务均等化、满足多样化公共服务需求，提高宏观调控、市场监管、社会治理和公共服务精准性与有效性。党的十八大以来，随着重庆市供给侧结构性改革的整体深入推进，全市切实加强公共服务保障功能，持续加大投入力度，滚动实施重点民生实事，公共服务供给的多元化、标准化、精细化程度进一步加深，教育、卫生、文化等公共服务职能不断完善、水平不断提高。

一、公共服务供给主体趋于多元化

公共服务供给主体是实施公共服务的载体。随着社会主义市场经济体制的不断完善和社会主义市场经济活力的不断增强，政府一体独大式的公共服务供给模式逐步向多元化的公共服务供给模式转变。

党的十八大以来，为不断满足人民群众日益增长的公共服务需求，进一步激发市场和社会活力，重庆市逐步放宽社会组织对公共服务的准入领域，并通过市场化运作的方式，鼓励市场和第三部门投资全市公共服务领域。2014 年，重庆市出台了《重庆市人民政府办公厅关于印发重庆市政府购买服务暂行办法的通知》，并发布了《重庆市市级政府购买服务指导性目录》，具体列举出 200 多项政府向社会组织购买的公共服务，明确和规范了政府向社会组织购买公共服务的指导性范围。2017 年，《重庆市人民政府办公厅关于印发重庆市"十三五"基本公共服务清单的通知》提出，要积极引导多元供给，逐步扩大可向社会资本开放的基本公共服务领域，鼓励和引导社会资本参与建设和运营管理，努力扩大有效供给。同年，重庆市发放 2 500 余万元专项资金支持社会组织参与社会服务，受益社会组织有 120 家。2018 年，重庆市出台了《重庆市社会组织承接政府购买服务项目管理指引》，进一步明确社会组织承接政府购买服务项目的规范化管理。

在各类政策的鼓励、引导和规范下，医疗卫生、养老、文化等公共服务领域方面的供给主体日趋多元，在完善公共服务体系、提高公共服务供给质量方面发挥了重要支撑作用。比如，在医疗卫生方面，2014 年，重庆市出台的《关于建立政府购买基本公共卫生服务机制的指导意见》明确了政府购买服务对象、内容、方式和管理等内容，在全国率先建立政府购买基本公共卫生服务机制，进一步放宽市场准入门槛，将基本公共卫生服务主体从乡镇卫生院和社区卫生服务中心扩展为各级各类具有基本公共卫生服务职能和公共卫生服务能力的医疗卫生机构，鼓励更多有条件的其他医疗服务机构参与等。在养老服务方面，2017 年年底，《重庆市人民政府办公厅关于全面放开养老服务市场提升养老服务质量的实施意见》提出多项举措满足老年人养老需求以及促进养老服务业健康发展的意见，到 2020 年年底，全市养老服务市场全面放开，政府运营的养老床位数占养老床位总数的比例不超过 50%。目前，重庆市社会办养老机构约占全市养老机构数的 1/3，全市养老产业聚集区、国家级示范养老机构等也在加快建设。在文化方面，重庆市以社会为主体，充分调动各方参与文化公共服务供给的积极性。2017 年，重庆市向社会购买流动文化服务达 4 万多场，将文化服务延伸到田间地头的同时还有效保障了文化活动的质量和水平。

二、公共服务均等化、标准化取得积极进展

完善公共服务体系，推进基本公共服务均等化，是全面建成小康社会的应有之义，是满足人民群众对美好生活向往的重要支撑和保障。党的十八大以来，重庆市在推进公共服务均等化的基础上，积极贯彻落实国家政策，逐步明确公共服务的相关标准，推动公共服务的精细化管理。

根据国家出台的《"十三五"推进基本公共服务均等化规划》的总体框架和要求，结合全市经济社会发展实际，重庆市对 9 个领域 23 类 75 项

基本公共服务项目进行逐项明确服务对象、保障标准、支出责任、覆盖水平，并分行业分领域全面推进实施。目前，重庆市基本公共服务制度框架已初步形成。同时，针对当前公共服务领域在供给需求匹配性、资源配置合理性、体制机制协调性等方面存在的不足，重庆市在全国范围内率先开展城乡基本公共服务资源配置机制改革，出台了改革实施方案，在教育、医疗卫生等领域明确了基本公共服务项目清单，进一步健全相关领域公共服务保障制度。

通过各类推进公共服务均等化、标准化的政策引领带动，重庆市公共服务能力和民生保障水平进一步提升。2017年，重庆市城乡养老、医保参保率超过95%，社会救助服务水平持续提升，义务教育基本均衡区县达到35个，全市学前教育三年毛入园率达到82%，高中阶段毛入学率达到95%，义务教育学校标准化率达到84%，高等教育毛入学率达到45%，广播、电视人口综合覆盖率保持在98%、99%以上，乡镇卫生院、社区卫生服务中心、村卫生室均实现标准化，公共文化服务进一步延伸到乡镇村，人民群众上学、就业、就医、社会保障、文化生活等热点难点问题得到进一步缓解。

三、公共服务布局不断优化

为进一步缩小区域、城乡之间公共服务资源配置的差距，2014年，原重庆市规划局发布了重庆市城乡公共服务设施规划相关标准，规定了全市城乡公共服务设施的分类分级、选址布局和规划配置标准。该标准将公共设施分为基础教育设施、医疗卫生设施、公共文化与体育设施、社会福利设施、其他基本公共服务设施5类，将公共设施服务总体划分为区县级、居住区级、居住小区级、居住组团级4个不同的等级，并根据不同的等级参考相应的标准进行公共服务设施的分布。在整体优化布局的基础上，重庆市结合实际，更加重视增强农村公共服务的供给，提高农村公共服务供给的质量，缩小城乡之间的公共服务差距，包括每年安排专项资金支持建设农村道路、饮水等基础设施以及农民居住设施等综合服务场所等。同时，重庆市针对医疗服务资源、教育服务资源、文化服务资源等出台了相应的服务体系规划，如出台了《重庆市医疗卫生服务体系规划（2015—2020年）》，明确了全市医疗卫生机构布局、功能定位等。

四、公共服务领域的智慧化应用不断增强

大数据、智能化、互联网在公共服务领域的应用不断增强，并明显加速了公共服务范式的创新转变、提高了公共服务的质量和效能。近年来，重庆市充分发挥互联网、云计算、大数据等现代信息技术对资源配置的优化作用，积极探索"互联网+"公共服务模式变革，引导公共服务资源向相对贫困乡村、边远山区覆盖，让公众享受更加公平、高效、优质、便捷的服务；同时，不断加强公共服务体系的信息化建设，对公共服务的实施和监管进行完善。

具体来看，在人口和医疗卫生方面，重庆市不断加强信息系统建设，包括建立了以"市—区县"两级信息平台建设为核心的人口健康信息网络，基本完成全市所有区县级信息平台，1 500个左右基层医疗卫生机构的公共卫生、基本医疗和电子病历系统，近万个村卫生室硬件、软件及网络等基础建设。在公共教育方面，公共教育信息化建设持续深入，重庆市已建成覆盖38个区县的教育城域网，"宽带网络校校通"接入率达到94%，建成市级教育资源公共服务和教育管理公共服务平台。在公共文化方面，重庆市采用"互联网+公共文化服务"模式不断丰富群众精神文化生活，如建成重庆公共文化物联网服务平台，该平台包括培训、演出、讲座等公共文化服务内容，无论部门或个人都可以通过该平台进行文化项目点单，实现百姓点单、政府配送，互联网让流动文化服务更加精准和便捷。在智慧旅游方面，重庆市成立了旅游数据中心，加速推动旅游应急指挥平台和旅游产业运行监测平台建设，完成所有4A以上旅游景区视频接入，在相关景区景点试点推行客流实时监测与分析等。

第二节　公共服务供给精准化的契合性及差距

党的十九大报告提出，要深化供给侧结构性改革，把提高供给体系质量作为主攻方向。当前，重庆市人均GDP已超过9 000美元，进入由中等收入向高等收入转变的重要阶段，需要坚持"两高"目标，日益满足人民群众多样化的高质量的公共服务需求，最终实现人民群众高品质的生活。然而不可忽略的是，目前重庆市公共服务供给存在供给结构不平衡、供需对接不足、供给标准"一刀切"、供给效率不高等问题，需要引起重视并

提出相关对策加以解决或完善。

一、可及性方面：公共服务供给结构不够优化

重庆市集大城市、大山区、大库区、少数民族地区于一体，区域之间、城乡之间的经济发展和公共服务水平差距较大，特别是相对贫困地区的公共服务能力更加薄弱。虽然目前重庆市的医疗资源基本能够满足人民群众的需求，但优质医疗资源仍然存在布局过于集中、整体供应紧张等问题，大量优质公共服务设施高度集聚于主城区尤其是渝中区、渝北区等区域，这在一定程度上导致以公共服务需求为出行目的的非通勤交通比重有所上升，间接加剧了交通拥堵等相关问题；同时，社区卫生服务机构和人员比较缺乏、农村基层人才队伍比较薄弱，区县之间服务水平差异较大。从重庆市连续几年第三方基本公共卫生服务项目评估情况来看，资金使用效率最高的区县和资金使用效率最低的区县之间的差距十分明显。随着重庆市城镇化发展进程的加快，一些区县的中心城镇出现了教育资源紧张、农村教育资源闲置现象，从而制约了基本公共教育服务发展。

二、相关性方面：公共服务供需错位

当前，重庆市公共服务供给存在供需矛盾突出、供需错位突出，尤其是针对不同目标群体及其类型化、差异化的需求偏好分析定位不足，公共服务决策者、服务对象和服务供给者之间存在脱节，导致有效需求供给不足与公共服务资源利用不足、利用效率低下并存。重庆市养老设施规划建设滞后于老龄化趋势，供需矛盾突出。重庆市是全国老龄化程度较高的地区，从该市第五次与第六次人口普查数据来看，重庆市 60 岁以上的人口近年来年均增长约 17.7 万人，年均增长率为 4.1%，高出全国该指标 0.9 个百分点，老龄人口增长迅速，目前全市呈现高龄化率与老龄化率双高特征。但与此同时，由于对老龄化趋势的预测不足，以往城市建设规划没有充分考虑养老服务设施建设，目前在城区选址征地建设养老机构十分困难，造成城市人口密集区的养老机构较少，养老服务布局不合理、发展不均衡的局面。目前，重庆市养老服务机构的服务能力和水平参差不齐，缺乏中高端高品质的养老服务机构，大多数养老服务机构的产品结构和供给方式单一，老年人多元化、多层次需求得不到有效满足。

三、适应性方面：公共服务供给标准"一刀切"

公共服务供给标准应在立足国家、市级相关政策的基础上，因地制宜进行本土化适应和优化。然而，由于政策理解不到位、调查不充分等原因，在部分公共服务供给领域仍然存在"一刀切"的现象，影响了公共服务供给质量的整体提高。近年来，随着城镇化的推进和学龄人口的变化，城镇学校学生逐年增加，农村学龄人口和在校生逐年下降，迫切需要进一步优化学校布局结构。但有的区县存在将学校布局"调整"简单理解为"撤并"和"缩减"，将"优化资源"片面解读为"撤点"和"并校"，导致校点布局不合理，影响了学龄人口合理入学，背离了相关政策初衷。

四、导向性方面：公共服务供给效率不高

与改革创新的要求相比，基本公共服务的供给主体仍不够丰富，引入市场机制的步伐相对滞后，对新技术新模式的运用还不充分，公共服务体系的整体运作效率仍需提高，如"互联网+医疗卫生"建设仍需加强。随着网络技术的快速发展，预约诊疗、远程医疗、健康穿戴设备的应用，给健康服务带来了新变化。但在医疗卫生信息化建设方面，其发展相对其他行业发展仍然滞后，各区县卫生计生信息化专业人才匮乏，运维管理无法得到保障，市级平台收集到的基本公共卫生服务项目数据不全，大数据分析和利用还有待加强。

第三节　主要原因分析

针对目前重庆市公共服务供给存在的供给结构不平衡、供需对接不足、供给标准"一刀切"、供给效率不高等问题，分析其中的原因，主要集中体现在政府职能定位不清、政府社会合作力度不大以及缺乏促进公共服务精准化供给的监督与反馈机制。

一、政府职能定位不清

我国公共服务的供给职责按照公共服务的受益范围划分，重庆市城乡基本公共服务属于地方性公共服务，应由重庆市地方政府供给。但是，重庆市城乡基本公共服务供给责任在各级地方政府之间有明显划分，导致供

给主体供给责任模糊。具体来看，市级政府主要负责城乡基本公共服务统筹管理、政策制定，再将城乡基本公共服务供给的事权按照行政层级下放到区县政府，区县政府按照行政层级将农村基本公共服务供给的事权下放到乡政府，乡政府再组织开展农村基本公共服务供给。然而，重庆市区县级以下财权由区县级政府分配，街道办事处、居委会、村委会不作为财政核算单位，基层单位只有事权没有财权，从而导致其积极性不高、供给效率低下。

二、政府社会合作力度不大

目前，重庆公共服务供给方面仍然缺少与民众的深入沟通与合作，政府与社会、民众之间的对话协商机制不完善，政府没有建立起以需求为导向的公共服务供给思维，没有清晰地了解民众的需求和目标，同时民众也无法及时了解、充分理解政府在公共服务供给方面实施相关政策的要义，政策在更多时候体现的是政府单方面作为。因此，在某些方面政府部门的行为难以获得民众的支持。

三、缺乏促进公共服务精准化供给的监督与反馈机制

供给公共服务是政府的责任，责任的落实需要监督和反馈，才能更好地完善和优化。当前，促进公共服务精准化供给的责任落实监督力度不大，导致上有政策、下有对策，或相关政策操作不合理、不规范等情况发生，部分地区公共服务供给甚至出现"一刀切"现象。同时，没有建立起政府与公共服务需求方的反馈机制，没有及时全面地了解到某领域公共服务精准化供给在实施过程中存在的相关问题和改进建议，是导致供需脱节的主要原因。

第十三章 供给侧结构性改革视域下的重庆公共服务精准化供给思路

第一节 研究背景

长期以来，重庆市公共服务存在"重供给侧结构性改革，轻需求表达"的倾向，尤其是针对不同目标群体及其类型化、差异化的需求偏好分析定位不足，公共服务决策者、服务对象和服务供给者之间存在脱节，导致公共服务供需错位，有效需求供给不足与公共服务资源利用不足、质量不高、效率低下并存。尽管国家先后提出推进公共服务均等化、标准化、精细化建设并取得一定成效，但由于缺乏针对需求对象的精准化分析，仍然存在政府职能定位不清、供给成本过高、供给秩序错位、供给标准"一刀切"、特定人口需求难以得到满足等问题。

"十三五"规划提出，要提高宏观调控、市场监管、社会治理和公共服务的精准性、有效性。2015年中央经济工作会议也明确提出，公共服务要更多面向特定人口、具体人口，防止平均数掩盖大多数。因此，立足供给侧结构性改革的视域，扩大有效供给，提高供给质量和效率的关键，在于如何提供更多的满足多样化、差异化需求的精准化供给。

精准化不是静态实现的。一方面政府的职能是提供满足公共利益的服务，另一方面公众具有在多元供给者之间进行选择的权利，因此需要从供给端与需求端两个角度进行无缝对接和有效匹配。借鉴精准化在服务业发展等领域的应用实践，不仅强调供给过程、标准、质量、方式的精准化，更强调要满足供给对象的个性化、多样性需求。可见，公共服务精准化的内涵应着眼于解决问题的精准化和需求满足的精准化，从"为谁服务"（客体）、"谁来服务"（主体）、服务内容出发，重点应包括供给主体、供给对象、供给内容、供给标准、供给方式、供给秩序、供给空间的精准化。

第二节　基本思路

在供给侧结构性改革视域下推进公共服务精准化供给，就是要以解决现阶段公共服务短板问题为切入点，将公共服务划分为保障型基本公共服务、发展型基本公共服务和非基本公共服务三类，明确政府供给的最小范围边界，通过政府主动放权、社会积极介入以及利用互联网与大数据平台来完善以公众需求为导向的多元主体供给，将自上而下的公共服务决策与自下而上的需求表达结合起来，实现供给决策与需求表达的无缝对接与融合，针对不同地区、城乡、群体之间提供有差别的、分层次的、分重点的公共服务。在此思路下，坚持精准识别、联动供给、分类管理、动态调整的原则，着力构建供给主体多元化机制、公共服务对象筛选机制、公共服务需求识别机制、公共服务标准差异化机制、公共服务供需传递机制、公共决策程序科学化机制六大机制，实现公共服务精准化供给。

第三节　构建六大精准化供给机制

一、供给主体多元化机制

供给主体多元化机制需要形成政府、市场和社会多元化、社会化的公共服务供给体系，优化供给方式，强化政府公共服务职能。对于保障型基本公共服务、发展型基本公共服务，政府要主动承担起主体供给责任，不断提高公共服务在财政支出结构中的比重，增加公共服务总量，按照最小政府原则，确保"底线"公平。对于非基本公共服务，政府要引入市场机制和自愿机制，探索建立政府主导、市场引导、社会充分参与的基本公共服务多元化供给机制，提高公共服务供给效率。

二、公共服务对象筛选机制

公共服务对象筛选机制需要区分不同的服务目标群体，如高收入群体、一般群体和弱势群体。不同服务目标群体由于收入水平的不同，需求层次也存在差别，获取服务需求的方式也可能不同。如高收入群体更倾向于获取非基本公共服务，由于其收入水平较高，可以通过市场机制来获取。一般群体和弱势群体是公共服务供给的主体对象，前者更倾向于发展型基本公共服务，其供给形式既可以是政府，也可以是市场机制；后者重在对特殊教育、基本医疗、公共就业和社会救助等保障型基本公共服务的需求，更多的是维持生存和救济性质的，主要由政府兜底，体现社会公平正义。

三、公共服务需求识别机制

公共服务需求识别机制需要有效识别不同群体的需求偏好以及指导资源和服务分配，通过调查，明确民众的超标准需求、高标准需求、基本需求、紧迫需求，进而缩小供需差距，防止公共服务过度供给和居民急需的服务供给不足或错位。政府要明确基本就业保障、基本养老保障、基本生活保障等基本社会保障是群体的最紧迫需求，教育、医疗卫生、文化体育、民政等社会公共服务是群众的基本需求，对环境服务和安全服务等需求是高标准需求，对于优质的教育、医疗卫生、文化体育、环境服务和安全服务等的需求，可能形成部分群体的超标准需求、高标准需求。

四、公共服务标准差异化机制

根据不同地区经济发展水平和公共品需求水平，按照马斯洛需求层次理论，只有生理上的需求等最基本的需求满足到维持生存所必需的程度后，安全、情感、尊重、自我实现等其他需求才能成为新的激励因素。与此同时，每一种需求需要满足的程度也存在差异，基本的、大众的、优质的等都有不同的标准。因此，要在满足基本需求的基础上，确定公共物品供给顺序和标准，这就是公共服务标准差异化机制。

五、公共服务供需传递机制

多元化的服务需求决策需要畅通的需求表达渠道和需求传递机制，居民的需求偏好信息表达得越充分，公共服务供给的效果就会越好。因此，在公共服务供给过程中，需要建立健全传递机制，激发居民的参与式需求表达动力，创造更多机会参与需求表达，提升表达效果。在大数据时代，更要进一步改善需求数据收集的渠道，将"自上而下"的决策机制和"自下而上"的需求机制结合起来，运用大数据、物联网、"互联网+"等新兴手段，获取及时、灵活、有效的需求信息。这就是公共服务供需传递机制。

六、公共决策程序科学化机制

在健全公共服务需求传递机制的基础上，政府通过建立政府行政承诺制度、听证制度、信息查询咨询制度等，实现需求信息充分有效的获取；逐步强化公众参与公共服务供给决策的民主权利，探索建立由内部需求决定公共服务供给的机制，使公众能够较好地表达自己对公共服务的真实偏好和自主选择；尽可能地实现政府决策机制的民主化、科学化和本土化，进而做出科学的决策，确保公共服务供给充分体现公众需求，使有限的资源得到合理的配置，进而进一步地优化公共产品结构。这就是公共决策程序科学化机制。

第十四章　供给侧结构性改革视域下的重庆公共服务精准化供给重点任务

政府部门要根据不同公共服务类型，以满足公众差异化、个性化需求为导向，明确供给侧结构性改革视域下公共服务精准化供给的重点和方向。首先，针对保障型基本公共服务，由政府承担全面供给责任，以高收入群体、一般群体和弱势群体的紧迫需求为重点，供给标准相对较低，优先安排供给顺序，自上而下的公共服务决策占主导地位。其次，针对发展型基本公共服务，政府承担主要供给责任，以各类群体的一般需求为重点，供给标准、供给顺序适中，强调社会效益与经济效益相结合，更多地考虑采取政府购买形式来实现。最后，针对非基本公共服务，以高收入群体、一般群体的超标准、高标准需求为重点，强调自下而上的个性化、定制化需求表达，政府承担一定供给责任，社会和市场是主要供给者。在此基础上，政府部门还要通过运用大数据等先进技术、完善政策制度、健全评估与监督体系等进一步强化公共服务精准化供给支撑。

第一节　形成多元化的供给主体结构

多元化的公共服务供给主体主要涉及政府、市场（国有企业、民营企业和外资企业）和第三部门（非营利性社会组织）三大类。在多元化供给过程中，政府主要判断哪些公共服务可以且如何开展多元化经营，制定公共服务供给衡量标准，建立公开、透明、竞争的市场参与制度，健全价格与质量监管机制，维护市场秩序，并在管理体系完善的前提下，通过合理的公私合作关系进一步缩减政府管理边界。而国有企业、民营企业、外资企业作为市场主体参与到公共服务的供给中，并不是以追求利润最大化为目标的，需要兼顾公共服务的公益性和企业的经济效益性。其中，国有企业着力于政企分开、公司化改造，对于公益性国有企业尤其要通过优化资源的配置，强化经营与融资优势；而对民营企业和外资企业，则应进一步放宽行业与市场准入限制，允许企业跨所有制、跨行业发展，除国家安全和法律明令禁止进入的领域外，预期有收益或通过建立收费补偿机制可以获得收益的公共服务领域均可以取消对民间资本的限制。第三部门如公益性事业单位、非营利性社会组织，是市场和政府的重要补充，主要在社会福利援助性质较强的领域如社会援助、志愿服务等发挥社会自我协助作用。

一、政府主要供给范畴

政府主要供给范畴一：具有完全的非排他性与非竞争性特征的纯公共物品。在这类公共物品上，私人没有能力或没有权限，同时也不愿意去提供，因此就只能由政府利用公共财政支付成本来提供这类公共物品。由政府提供的纯公共物品特征见表 14-1。

表 14-1　由政府提供的纯公共物品特征

种类	纯公共物品
特征	完全的非竞争性和非排他性
	公共的消费和集合的消费
	除了政府外，其他组织没有权限供给或没有能力供给
	除了政府外，其他组织不愿意供给
举例	国防、外事交流

政府主要供给范畴二：具有合法暴力性质的公共服务。这类公共服务只能通过具备暴力与权威特征的政府来供给，否则一旦竞争就会导致对抗，引起社会不稳定。由政府提供的合法暴力性质的公共服务特征见表 14-2。

表 14-2　由政府提供的合法暴力性质的公共服务特征

种类	合法暴力性质的公共服务
特征	涉及国家安全、公共安全和社会稳定
	具有暴力和权威的特征
举例	公安、司法、监狱

政府主要供给范畴三：私营组织不愿提供，非营利性组织又无能力提供的公共服务。这类公共服务大多涉及公共需求大且投入大、收益小的服务，如生态环境保护等。从理论上讲，这类公共服务是可以推向市场的，但其投入非常大且收益小的特点，导致私营组织不愿涉足此领域，同时在非营利性组织力量还较薄弱、无力承担的情况下，只有政府涉足。由政府提供的私营组织不愿意提供，非营利性组织无力提供的公共服务特征见表 14-3。

表 14-3　由政府提供的私营组织不愿意提供，非营利性组织无力提供的公共服务特征

种类	私营组织不愿意提供，非营利性组织无力提供的服务
特征	涉及公共的重大需求
	投入巨大收益很小
	私营组织不愿意提供
	非营利性组织无能力提供
举例	大型能源清洁、生态环境保护等

二、市场主体（私营组织）可以参与供给范畴

市场主体（私营组织）可以参与供给范畴一：第三类准公共物品领域。第三类准公共物品是指具有消费的非竞争性，不具有受益的非排他性的公共物品，主要包括教育、医疗、保险、社会保障等。

市场主体（私营组织）可以参与供给范畴二：第二类准公共物品领域。第二类准公共物品是指具有消费竞争性，不完全具有受益排他性的公共物品，主要包括公共公园、公共电影院、公共厕所、公共健身房、公共网球场、公共游泳池等。

市场主体（私营组织）可以参与供给范畴三：第五类准公共物品领

域。第五类准公共物品是指不完全具有竞争性，具有受益排他性的公共物品，主要包括公路、桥梁、人行道等。准公共物品的分类情况见表14-4。

表14-4 准公共物品的分类情况

类别	消费竞争性特征	受益排他性特征	举例
第一类	具有	不具有	孤儿院、养老院等
第二类	具有	不完全具有	公园、电影院等
第三类	不具有	具有	教育、医疗、保险等
第四类	不具有	不完全具有	公共灾难时供给的粮食、水、衣物等
第五类	不完全具有	具有	公路、桥梁等
第六类	不完全具有	不具有	—

三、第三部门（非营利性组织）可以参与供给范畴

第三部门（非营利性组织）可以参与供给范畴一：第一类准公共物品领域。第一类准公共物品是指具有消费的竞争性，不具有受益的排他性的公共物品，主要包括孤儿院、养老院、特殊学校等公共服务领域。

第三部门（非营利性组织）可以参与供给范畴二：第四类准公共物品领域。第四类准公共物品是指不具有消费的竞争性，不完全具有受益的排他性的公共物品，主要包括出现公共危机和灾难时所供给的粮食、水、衣物等。

第三部门（非营利性组织）可以参与供给范畴三：第六类准公共物品领域。第六类准公共物品是指不完全具有消费的竞争性，不具有受益的排他性的公共物品。

第三部门（非营利性组织）可以参与供给范畴四：私营组织不愿提供，非营利性组织有足够能力提供的公共服务，主要包括中小型的环保服务、环境整治服务、社会救助服务等。

八大项公共服务多元化供给参考路径之一（主体结构）见表14-5。

表 14-5　八大项公共服务多元化供给参考路径之一（主体结构）

领域	主体选择	主要供给范畴
公共教育	政府	指导公立学校等整体教育服务
	市场	参与公共教育设施管理建设、民营学校教育服务等
	第三部门	由政府委托的专项救助类、非营利类教育等
公共卫生	政府	指导公立医院、基层医疗卫生机构整体服务、大型环保等
	市场	参与公共卫生设施管理建设、民营医疗卫生服务等
	第三部门	临时性公共医疗救助、群体医疗救助、中小型环境维管等
公共文化体育	政府	指导公共文化体育整体服务开展
	市场	参与公共文化体育设施管理建设、公共性文体活动开展等
	第三部门	文体公益宣传、文体活动志愿服务、设施维护管理等
公共交通	政府	指导公共交通设施及交通服务整体开展
	市场	参与公共交通设施委托建设及经营、交通服务经营等
	第三部门	公益性交通志愿服务、交通设施及秩序维护等
生活保障	政府	指导生活保障体系的整体完善
	市场	参与具体的生活保障体系设施的委托建设及维护
	第三部门	救助收养贫困弱势群体、委托开办孤儿院、养老院等公益性收养机构等
住房保障	政府	指导保障性公共住房的整体建设
	市场	参与公共住房硬件设施委托建设及维护等
	第三部门	无
就业保障	政府	指导就业保障工作稳步总体推进
	市场	参与就业保障具体委托建设项目的开发及运营等
	第三部门	委托开展就业志愿指导、帮扶服务等
医疗保障	政府	基础医疗保障
	市场	中高端医疗保障
	第三部门	无

第二节　完善以需求为导向的公共服务供给决策机制

当地政府要以城乡居民需求为导向，着力完善公共服务供给决策机制，优化公共产品结构，逐步建立政府行政承诺制度、听证制度、信息查询咨询制度，确保公共服务供给充分体现公众需求，使有限的资源得到合理的配置。

一、政府决策以居民实际需要为出发点

首先，要尽可能地实现政府决策机制的民主化、科学化和本土化，尝试以投票形式由居民"自下而上"地决定本地区的公共产品需求。其次，要强化政府责任，加快城镇社区公共管理体制、农村基层民主制度的建设和创新，合理配置公共产品供给的决策权，充分实行居民自治作用，逐步落实按需供给。三是探索建立"自下而上"的需求表达机制，以充分反映城乡居民对各种公共产品需求程度的差别，加快建立公共需求决定公共产品供给的机制。

二、重构公共服务供给的决策程序

当地政府要重点完善公共服务的需求表达机制，逐步强化公众参与公共服务供给决策的民主权利；探索建立由内部需求决定公共服务供给的机制，使公众能够较好地表达自己对公共服务的真实偏好和自主选择。首先，运用"用手投票"，由公众对政府计划的一般性公共服务项目进行投票表决，逐步改变公共服务的强制性供给状况。其次，对于涉及县或地区的重大公共服务项目供给的决策，应建立专家听证制度，并在此基础上由本级人民代表大会投票决定。

公众在公共服务供给决策中的参与权见图 14-1。

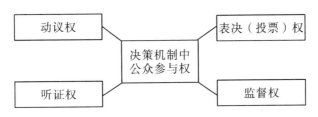

图 14-1　公众在公共服务供给决策中的参与权

第三节　放宽公共服务投资的准入限制

当地政府要对各类所有制企业和各类社会团体实行无差别的市场准入管理，加快探索公共事业、公共服务、基础设施、文化传播等领域的社会参与机制，充分发挥社会组织在提供基本公共服务方面的积极作用。

一、设置供给主体准入标准

当地政府要建立明确的公共服务供给主体准入标准（见表14-6），主要包括进入规制（特别许可、注册制度、申报制度等）、价格规制（报酬规制、价格上限规制、价格下限规制等）、服务质量规制（服务质量标准、服务质量考评和验收标准等）、服务数量规制（服务时间限定、人员限定等）、资产规制（固定资产、流动资产情况等）、公共服务授权规制（由谁授权、授权给谁、怎样授权等）、合同规制（合同、合约等约束形式）等。

表 14-6　公共服务供给主体准入标准

项目	主要要求
资产规制	有符合参与某项公共服务的固定资产标准
进入规制	按程序参与许可办理、注册办理和申报办理
价格规制	合理的报酬请求，合理的价格上限幅度和价格下限幅度
服务质量规制	符合某项公共服务领域的高标准服务质量
服务数量规制	时间、人员等的合理安排
合同规制	具备完善的供给书面合同等
公共服务授权规制	完善的权力运行模式

二、健全供给主体准入流程

当地政府要建立公共服务供给信息发布机制，即通过广播、电视、网站等设置专门的信息发布与咨询平台，包括向参与主体提供详细的竞选项目情况、竞选主体条件要求、竞选流程资料、需准备的各种证明及材料、需达到的供给要求及效果等，以吸引更多的参与主体加入竞选行列，增强竞争性。

在流程设计上，当地政府要充分保障公民通过各种方式参与到主体选择的过程中。例如，可以根据某一公共服务领域的性质，选取其领域具有代表性的公民代表至竞选现场听证；通过网络新闻等形式向公众发布竞选主体初步结果，接受公众公开监督并及时收取和反映公众意见。

当地政府要实行科学化的中间流程。首先，由政府会同公众代表、专家等组成评审委员会，对该项公共服务进行细化；其次，确定服务的种类、范围及服务质量承诺等公开意向书，并明确此次服务的方式（如合同出租、政府购买、特许权经营、政府参股等），由供给者确认并同意后进入主体选择过程；再次，由政府会同公众代表、专家等组成评审委员会，对分解成具体数量指标的供给主体进行初选，确定初选名单；最后，由初选成功的供给主体就其方案进行公开答疑，经过初步公示后最终确定供给主体。公共服务供给主体准入流程见图 14-2。

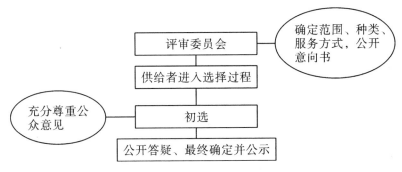

图 14-2　公共服务供给主体准入流程

第四节　创新政府公共服务投资体制

当地政府可以根据"谁投资、谁受益；谁引进、谁收费"的原则，通过招标采购、合约出租、特许经营、政府参股、优惠政策等形式，创新政府公共服务投资体制，将原来由政府承担的部分公共职能交由市场主体行使，充分发挥非政府组织提供公共服务的作用。

一、构建多元化的融资渠道

当地政府要制定和实施公共服务的基础设施配置标准，合理测算政府投入规模，建立投资监管体系，切实提高公共服务资源的配置效率，为公共服务标准化提供科学的量化基准；要充分发挥市场与社会力量，吸引民间资本参与公共服务的供给，可考虑分公益性、准公益性和市场化项目等不同类别的项目，创新利用 BOT（建设—经营—转让）、TOT（移交—经营—移交）、PFI（民间主动融资）、PPP 等不同的融资模式，形成以公共财政为主体、社会各方共同参与的公共产品供给机制；要针对农村公共产品供给缺乏足够的资金保障的现状，按照农村公共产品的不同属性，实施多主体、多渠道和多方式的供给模式，努力拓宽农村公共产品的融资渠道。主要多元化融资模式介绍见表 14-7。

表 14-7   主要多元化融资模式介绍

融资模式	主要特点
BOT	BOT 融资模式是私营企业参与基础设施建设，并向社会提供公共服务的一种方式，具有不构成政府外债、有利于吸引外资等优点。其主要用于公路、电厂、铁路、废水处理设施和城市地铁等基础设施项目建设
TOT	TOT 融资模式是指政府与投资者签订特许经营协议后，将已投产运行的可收益公共设施项目移交给民间投资者经营，凭借在未来若干年内的收益，一次性地从投资者手中融得一笔资金，用于建设新的基础设施项目
PFI	PFI 融资模式是指政府应用民间资本进行公共工程项目的开发与运营，以公共项目的特许开发权，由特殊目的的公司（special purpose company, SPC）按照市场机制组织公共项目运作。政府采用 PFI 的目的在于获得有效的服务。在合同结束后，有关资产的所有权按照合同条款规定或者留给私人承包商，或者转交给公共部门
PPP	PPP 融资模式就是公共部门与私人企业合作开展公共基础设施建设的一种项目融资模式。该模式鼓励私人企业与政府进行合作，参与公共基础设施的建设。从公共事业的需求出发，利用民营资源的产业化优势，通过政府与民营企业双方合作，共同开发、投资建设，并维护运营公共事业的合作模式，即政府与民营经济在公共领域的合作伙伴关系。参与合作的各方共同承担责任和融资风险

二、推行政府购买公共服务

当地政府应努力提高公共产品生产和经营的竞争性，通过市场竞争实现公共产品供给的市场化和社会化，降低公共产品供给成本，提高政府公共服务效能。政府可以通过合同外包、特许经营等方式吸引事业单位、非营利性组织等参与公共产品生产和服务，探索在一些公共服务领域引进私人投资或直接交由私人生产，然后建立平等购买关系，再由政府购买这些产品或服务并提供给公众。八大项公共服务多元化供给参考路径（投资机制）见表14-8。

表14-8　八大项公共服务多元化供给参考路径（投资机制）

领域	主要建议
公共教育	建立完善教育经费多元投入体制，鼓励民办教育发展，采用民办公助、政府购买服务、教育券等形式，促进教育供给多元化。义务教育经费主要由政府负责，非义务教育经费由政府、学习者和社会按比例合理分担，完善非义务教育学校收费制度
公共卫生	完善公共卫生投入机制，放宽社会资本举办医疗机构的准入，鼓励有实力的企业、慈善机构、基金会、商业保险机构等社会力量以及境外投资者，以重组、并购、参股、新办等多种形式投资发展医疗事业；鼓励具有资质的人员依法开办私人诊所，逐步形成多元化办医格局
公共文化体育	按照企业经营、市场运作、政府购买、农民受惠的原则，完善文化体育投入机制，加大各级政府投入力度，积极争取社会各界大力支持，引入市场机制，拓宽文化体育投资渠道
公共交通	探索建立政府主导下的市场化融资模式，运用PPP、BT等市场化运作模式深化公共交通投入机制，并尝试采用保险资金、信托融资方式等推进公共交通建设
生活保障	完善养老保险基金投资运营体系，实现资金保值增值；重点加大城乡社会福利设施建设力度，积极推行民办公助、公办民营和政府购买服务的社会福利服务改革，调动社会力量参与社会福利事业的积极性；大力发展以扶老、助残、救孤、济困、赈灾为重点的慈善事业和福利彩票事业
住房保障	强化金融创新、体制创新和产品创新，鼓励社会资本、社会机构的加入，拓展公租房融资渠道（如银行贷款、保险公司融资、社保基金融资、央企融资等方式筹集），按需投建，分批投入，形成多元主体、多层次供应
就业保障	完善公共就业服务投入机制，将更多服务交由市场主体完成，支持企业搭建公共远程职业培训平台
医疗保障	建立政府（中央和地方）、单位、个人合理分担的筹资机制，推动各类险种的对接，逐步实现城乡一体的均等化基本医疗保险

第五节　提供公共服务供给的财政保障

以基本公共服务标准化和精准化作为深化财政体制改革的方向，当地政府要加快完善公共财政体制，加强公共财政转移支付制度建设，力争政府公共财政能够有效弥补"市场失灵"无法提供的公共产品及服务的需求空白。

一、完善公共财政体制

当地政府要围绕推进基本公共服务标准化，加快完善公共财政体制，调整和优化政府公共服务结构，从竞争性的领域逐步退出；主要承担公共管理和社会服务的职能，将更多财政资金投向公共服务领域，确保新增财政资金主要用于公共产品建设与生产，逐步实现由生产投资型公共财政体制向公共服务型公共财政体制的转变；完善各级政府的事权财权划分，形成合理的分级保障机制，建立高效规范的政府"支农"资金管理体制和运行机制，从法律和制度上保证加大对农村基础设施的投入力度，并从财政支持上界定各级政府的责任和规定相应的财政支出比例，保障农村社会公共事业的经费支出。

二、完善财政转移支付制度

当地政府要加快形成统一、规范、透明的财政转移支付制度，扩大一般性转移支付规模，提高支付比例，加大对欠发达地区的转移支付力度；加强专项转移支付管理，降低税收返还的比重，市级财政要安排一定数额用于加大一般性转移支付力度，增强基层政府提供公共服务的财政能力，着重解决农村地区财力不足问题，以确保全市性基本公共服务标准化的实现；建立监督评价体系，实现转移支付办法的制度化、公式化、透明化，着力提高市财政转移支付的效果；探索建立与市财政纵向转移支付保持衔接的区域之间横向转移支付机制，落实"一圈两翼"战略，保持区域之间基本公共服务供给能力的适度均等。八大项公共服务多元化供给参考路径（公共财政保障）见表14-9。

表 14-9　八大项公共服务多元化供给参考路径（公共财政保障）

领域	主要建议
公共教育	义务教育：建立健全市级统筹落实，各级政府分项目、按比例分担的义务教育经费保障机制，逐步实现教育经费"三个增长"。 高中教育：基本普及高中阶段义务教育，全面实现免费中等职业教育。 学前教育：以政府为主导普及学前三年教育，大力发展公办幼儿园，对家庭经济相对困难的幼儿入园给予财政补助
公共卫生	建立政府分级投入的公共卫生经费保障机制，提高政府卫生支出比重，重点支持农村卫生和社区卫生发展，确保基层医疗机构的公益性；进一步完善市级财政对欠发达地区公共卫生事业的专项转移支付机制；进一步落实政策，改善执业环境，对各类社会资本举办非营利性医疗机构给予优先支持
公共文化体育	进一步提高政府公共文化体育服务经费保障水平，将公共文化体育建设资金重点向乡镇和欠发达地区倾斜；重点强化对基层农村文化体育的公共服务，扩大公共财政覆盖基层农村文化体育的范围
公共交通	重点保障公共交通优先发展地位，重点扶持农村的村镇（乡）之间、镇（乡）镇之间的短途客运交通
生活保障	建立财政、国有资本收益对养老保险基金的投入与充实机制，逐步做实基本养老保险个人账户；建立"个人缴费、集体补助、财政补贴"的新型农村社会养老保险制度；建立城乡抚恤优待补助标准正常增长机制
住房保障	通过市财政年度预算资金、年度新增土地出让金、市财政年度预算财政收入等渠道，配套中央专项资金，重点解决城镇中低收入群体住房问题，稳步推进农村危旧房改造
就业保障	重点完善人力资源信息发布、远程职业培训、职业培训标准规划、创业服务体系等公共平台，继续推进农民工就业免费职业技能培训，让全体劳动者享受公共就业服务
医疗保障	各级财政部门按照现行财权和事权相统一的原则，逐步提高城乡居民合作医疗保险的补助标准和住院费用报销比例；健全城乡医疗救助体系，资助城乡低保对象、农村五保对象等相对困难居民参加医保

第六节　健全公共服务供给的约束机制

当地政府要深化公共服务市场化改革，加快完善约束机制，设立高效的政府管制机构，规范政府及市场主体、第三部门的供给行为，有效保障公共服务水平整体提高。

一、建立政府管制机构

当地政府要加快完善供给监管机制，明确并强化政府的监管职责。当地政府可以在适宜的公共服务行业单独设立政府管制机构①，也可以引入行业管理、技术、经济、法学等方面的专家参加政府管制。政府管制机制的主要职能见表 14-10。

表 14-10　政府管制机制的主要职能

名称	主要职能
政府管制机构	以法律为依据，制定具体的管制法规
	颁发与修改企业经营许可证
	实行进入市场的管制
	对服务价格与质量实行管制
	协调和裁决企业之间的矛盾
	监督与制裁企业的不正当竞争行为，维护公平竞争
	接收并处理消费者投诉以及调查和公开信息等

二、强化政府腐败监督

当地政府要重点加强在确定服务价格、挑选服务提供者、制定监管规则等方面的腐败监管；加快完善相关廉政制度的配套，推行网上办公、完善政务公开；规范相应的操作流程，保持各工作环节之间的衔接；畅通投诉渠道，充分发挥舆论监督和群众监督的积极作用；切实加强对监管者的考核，探索建立严格的公共服务问责制度，重点明确问责体系的问责范

---

① 这些机构必须得到法律确认，具有明确、权威的法律地位和相对独立性。

围、问责对象、问责程序等核心环节，逐步使问责制度化、法制化。

三、加强市场主体、第三部门的供给监管

当地政府要强化维护市场秩序的责任，对公共产品的私人供给者进行必要的规范，防范私人取得某一公共产品的生产后，借助可能形成的某种垄断优势，有意抬高这类公共产品的准入价格或者向消费者提供不完全信息等不良行为。第三部门的服务对象往往是社会的部分群体或特殊群体，由于第三部门资金的限制，当地政府也要对第三部门的服务进行必要的规范和引导，支持其吸引培育专业人员，提高供给效率和服务质量。公共服务供给监管的重点领域见表 14-11。

表 14-11　公共服务供给监管的重点领域

领域	主要做法
价格监管	市场定价：对于竞争性较强、市场反应较快的公共服务，政府可以放开管制，完全由市场来定价
	政府指导定价：对于关系群众切身利益的公共事业价格、公益性服务价格、自然垄断经营的商品价格等，不能完全交给市场定价，而应把政府指导定价与市场价格结合起来，实施政府指导定价、政府定价
	价格听证制：政府在制定或调整相关公共服务价格时，应当召开价格听证会，听取利益相关方和其他社会各方的意见和建议
	其他：采取凭单制、政府补贴等相应措施，维护社会公平和增进公共利益
质量监管	政府：权力机关、司法机关、上级行政机关以及社会公众等法律监督主体要全方位监督政府直接提供公共服务的过程
	市场主体、第三部门：权力机关、行政机关、司法机关和社会公众等法律监督主体对依法提供公共服务的第三部门和获得特许经营权的工商企业加以监督；行政机关依照特许经营合同以及其他行政合同的约定，对获得特许经营权的工商企业的履约情况加以监督
	责任追究制度：法律、法规和规章制度要明确规定不依法履行职权和职责所要承担的法律责任，对不依法履行职责的行为进行调查和查处，确实追究其损害公众权益的责任
	公众权利救济机制：不断增加公共服务质量问题的救济方式，扩大救济范围，保证公众对公共服务的质量问题有救济的方式、途径

第七节 完善公共服务供给的评价机制

当地政府可以引进多元化评估主体，成立专门评估部门，建立完善的评估标准和评估程序，加快构建一套行之有效的评价机制。

一、建立专门的评估机构

当地政府可以依托公共服务监督委员会，设置成立公共服务结果评估专业部门；同时，要注重评估主体的多元化，积极引进政府官员以及公共服务涉及的公民代表、非营利性组织、学科专家和媒体等共同参与公共服务的评估。公共服务结果评估主体见图14-3。

图14-3　公共服务结果评估主体

二、建立完善的评估标准

当地政府要从外在和内在两个方面分别对公共服务的供给质量进行评价。外在的评价包括服务态度、服务形象、工作作风、服务回应、社会目标实现度等；内在的评价包括供给主体的愿景、服务硬件设施水平、服务主体自身管理水平、社会责任感、灵活性等。其中，外在的评价可交由公民、媒体和平等竞争主体评价，内在的评价可交由相关公共服务供给的监管部门、专业化的评估机构和第三部门等进行评估。公共服务结果评估标准见图14-4。

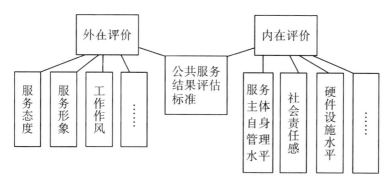

图 14-4 公共服务结果评估标准

三、建立完善的评估程序

当地政府一要明确特定公共服务的任务和目标；二要分解此类公共服务的质量标准；三要明确完成此类公共服务的必要程序；四要选择评估的主体；五要评估并给出结果。在这个过程中，根据考察和评估的结果，如果某一供给者连续一段时间都处于较低级别的评估结果，表明该供给主体的供给效率不高或没有效率，相关管理部门在这种情况下就可以给予其警告或重新选择供给主体。公共服务结果评估程序见图 14-5。八大项公共服务多元化供给参考路径（结果评估）见表 14-12。

图 14-5 公共服务结果评估程序

表 14-12 八大项公共服务多元化供给参考路径（结果评估）

领域	结果评价
公共教育	评估主体：市级相关部门（市教委、市团委等）、新闻媒体、公民代表（学校代表、学生代表等）、专家团队（该领域资深专家、人士）等。 评估标准：符合该项教育项目的基本硬件要求、按时间工期顺利推进等
公共卫生	评估主体：市级相关部门（市卫生局、市食品药品监督管理局等）、新闻媒体、公民代表（医院代表、医师代表、患者代表、普通公民代表）、专家团队（该领域资深专家、人士）等。 评估标准：符合该项卫生项目的基本硬件要求、按时间工期顺利推进等

表14-12（续）

领域	结果评价
公共文化体育	评估主体：市级相关部门（市文广局、市文资公司等）、新闻媒体、公民代表（艺术院团代表、群众代表等）、专家团队（该领域资深专家、人士）等。 评估标准：符合该项卫生项目的基本硬件要求、按时间工期顺利推进等
公共交通	评估主体：市级相关部门（市交委、市政委等）、新闻媒体、公民代表（主要层次、领域的群众代表等）、专家团队（该领域资深专家、人士）等。 评估标准：符合该项卫生项目的基本硬件要求、按时间工期顺利推进等
生活保障	评估主体：市级相关部门（市民政局、市人社局等）、新闻媒体、公民代表（中低收入人群、低保和五保户等）、专家团队（领域资深专家、人士）等。 评估标准：符合该项卫生项目的基本硬件要求、按时间工期顺利推进等
住房保障	评估主体：市级相关部门（市建委、市商委等）、新闻媒体、公民代表（中低收入人群、无住房群体等）、专家团队（该领域资深专家、人士）等。 评估标准：符合该项卫生项目的基本硬件要求、按时间工期顺利推进等
就业保障	评估主体：市级相关部门（市人社局等）、新闻媒体、公民代表（待就业群体等）、专家团队（该领域资深专家、人士）等。 评估标准：符合该项卫生项目的基本硬件要求、按时间工期顺利推进等
医疗保障	评估主体：市级相关部门（市人社局、市医保中心）、新闻媒体、公民代表（医保群体等）、专家团队（该领域资深专家、人士）等。 评估标准：符合该项卫生项目的基本硬件要求、按时间工期顺利推进等

第十五章 重庆公共服务精准化供给的支撑体系

重庆市要加快推进公共服务供给侧结构性改革，完善配套政策与法规，建立多元化筹资机制，健全评估和监督体系，强化大数据技术对公共服务的支撑，着力提高公共服务供给质量和效率。

第一节 完善政策法规体系

重庆市要完善配套政策体系。一是要完善公共服务人才激励政策，即探索公办与非公办公共服务机构在技术和人才等方面的合作机制，对非公办机构的人才培养、培训和进修等给予支持；实施城市带农村的人才对口支持政策，完善基层人员工资待遇、职称评定、医疗保险及养老保障等激励政策。二是要完善税收优惠政策，即加快探索建立与 PPP 模式发展相适应的税收优惠政策体系，将政府和社会资本合作或单由社会资本提供公共服务项目的房产税、土地使用税、契税、企业所得税等纳入税收优惠政策范围；鼓励发展志愿和慈善服务，建立健全志愿服务记录制度，落实慈善捐赠的相关优惠政策。三是要加强规划布局和用地保障，即统筹布局城乡公共服务设施，对土地供给进行前瞻规划，优先保障基本公共服务建设用地。

重庆市要健全公共服务法规及标准化体系。一是要完善公共服务地方法规，即结合重庆实际，有针对性地制定相关法规或规范性文件，并根据法规或文件制定出相应的配套政策。二是要推进公共服务标准化工程建设，即加快标准制定和实施步伐，制定实施公共服务各领域设施建设、设备配置、人员配备、经费投入、服务规范和流程等具体标准，建立公共服务重点领域标准清单，形成公共服务体系的顶层设计和总体规划。三是要建立公共服务标准动态调整机制，即适时提高服务标准，增加服务项目内容，合理引导预期。

第二节 强化大数据平台支撑

首先，重庆市要加强大数据基础设施建设。一是要加快建设智慧性大数据综合公共服务平台，依托基于大数据技术的"大脑"指挥，实现政府部门及服务提供机构数据的有效连接和整合；二是要推动数据资源开放共享，拓展直接面向社区的信息化应用系统，实现公共服务基础信息资源集中采集；三是要充分运用大数据技术和资源，及时了解公众服务需求，动态掌握实施效果。

其次，重庆市要推动大数据在公共服务中的应用。一是要开展"互联网+大数据"益民服务，推动医疗、健康、养老、教育、社会保障等领域新兴业态发展；二是要探索网络化教育新模式，对接线上线下教育资源，扩大优质教育资源覆盖面；三是要推广在线预约诊疗、诊疗报告查询、药品配送等服务，提高重大疾病和突发公共卫生事件防控能力；四是要开展网上社保办理、个人社保查询、跨地区医保结算等大数据应用，搭建养老信息网络服务平台，鼓励应用便捷式体检、紧急呼叫监控等设备。

最后，重庆市要强化社会信用体系支撑，即加强公共服务行业自律和社会监督，将公共服务机构、从业人员、服务对象诚信情况记入信用记录，纳入全市信用信息共享平台，对严重失信主体采取失信惩戒或依法强制退出等措施。

第三节 完善多元化筹资机制

首先，重庆市要健全财政资金保障机制。一是要加大财政对公共服务的投入力度，即建立公共服务投入增长机制，逐步扩大财政资金用于基本公共服务领域的规模；增加公共服务资金来源，提高国有资本经营收益上缴财政比例，更多用于基本公共服务体系建设，增加彩票公益金投入，加大地方政府债券对公共服务保障的支持力度。二是推进公共服务转移支付制度改革，即深化财税体制改革，建立事权与支出责任相适应的现代财政制度，合理确定市、区县级财政公共服务支出责任；优化转移支付结构，扩大一般性转移支付规模，重点增加对渝东北和渝东南财政困难区县的转移支付，缩小地区之间的财力差距，提高区县财政保障能力。三是提高公共服务领域资金使用效率，即完善资金管理办法，提高资金使用效率，清理、整合、规范专项转移支付，提高资金管理水平；规范基本公共服务支出管理，强化预算约束，推进绩效预算管理，优先安排预算用于基本公共服务。

其次，重庆市要创新公共服务投资体制。一是推动公共服务市场化改革，即放宽基本公共服务投资准入限制，推动基本公共服务领域民办非营利性机构享受与同行业公办机构同等待遇，逐步打破所有制、部门、行业界限，形成公共服务多元化投入格局。二是加强政府和社会资本合作，即通过招标采购、合约出租、特许经营、公建民营、民办公助、政府参股、基金注资、以奖代补、投资补助等形式，鼓励和引导社会力量参与公共服务供给；优先支持教育、医疗、文化、体育、养（托）老、残疾人康复等基本公共服务领域的政府和社会资本合作项目。三是全面推进政府购买服务改革，即加强政府购买公共服务的财政预算管理，完善政府购买公共服务指导性目录，确定政府购买公共服务的种类、性质和内容，规范项目遴选、信息发布、组织购买、项目监管、绩效评价等购买流程，进一步加大公共服务领域政府向社会力量购买服务的力度。四是鼓励公益慈善机构参与公共服务建设，即充分发挥慈善机构在公共服务资金筹集和服务提供等方面的作用，推动慈善机构与政府服务优势互补、有机融合。

第四节　健全评估与监督体系

首先，重庆市要健全公共服务评估体系。一是制定公共服务评估标准与准则，即探索和总结出符合重庆市实情的具有可操作性和不同特征的公共服务分类一般框架和具体框架，构建公共服务评估的公共指导准则和原则，建立公共服务评价指标体系。二是对公共服务实施情况进行评估，即加强政府相关部门对规划实施情况的动态跟踪，同时引入第三方力量，适时组织开展评估和专项监测，检查规划落实情况，评价规划实施效果，并以适当方式向社会公布。

其次，重庆市要完善公共服务监督体系。一是实施公共服务绩效考评机制，即建立以公共服务为重要导向的政府绩效考评体系，并探索引入第三方开展绩效评价，突出对公共服务精准化过程及其结果的综合绩效管理。二是健全公共服务问责机制，即健全公共服务预算公开机制，增强预算透明度，切实加强对建设工程和专项拨款使用绩效的审计、监管；建立公共服务设施建设质量追溯制度，实行终身负责制。三是鼓励社会参与和监督，即建立公共服务领域重大政策、重要规划和重点项目决策前的听证制度、公示制度和有关信息查询咨询制度，保障社会公众的知情权、参与权和监督权，提高社会公众对公共服务的认可度和满意度。

第三篇

思考建议

第十六章 川渝毗邻地区公共服务一体化发展存在的问题及对策建议

　　川渝毗邻地区是重庆深化川渝合作、推动成渝中部加速"崛起"的核心载体，也是加快探索经济区和行政区适度分离，推动成渝地区双城经济圈打造高质量发展重要增长极的重要支撑。随着人民群众对高品质生活追求的不断升级，当前，区域公共服务供给能力已经成为影响人口流动聚集的重要因素，公共服务一体化水平也已成为区域一体化发展的重要体现。由于川渝毗邻地区与各自行政中心距离较远，公共服务资源配置普遍较弱、供给水平整体不高，因此加强区域合作、弥补资源配置不足、推动川渝毗邻地区公共服务一体化，对加快成渝地区双城经济圈建设、强化普惠民生具有重要意义。

第一节　川渝毗邻地区公共服务一体化发展存在的问题及形成原因分析

　　公共服务不均衡问题已经成为川渝毗邻地区高质量一体化发展的重要瓶颈之一。制约川渝毗邻地区公共服务一体化进程的原因多样，主要在于三个方面：一是区域发展阶段不同导致公共服务保障力度不一；二是行政层级体制不同导致公共服务难以协同发展；三是协调机制尚不健全导致政策协同工作协调难度大。

一、区域发展阶段不同导致公共服务保障力度不一

　　川渝毗邻的四川区域和重庆区域在经济发展、产业化和城镇化的发展

阶段不同，从而导致重庆毗邻地区和四川毗邻地区的财政保障水平差距较大，而财政是基本公共服务供给的主体，因此区域经济发展不同决定了公共服务的供给水平必然存在较大不同。一是经济发展水平和发展总量差异较大。从人均 GDP 来看，2020 年川渝毗邻的重庆地区为 77 233 元，四川地区为 38 845 元，都已经进入工业化中后期，但是重庆地区人均 GDP 是四川毗邻区县的约 2 倍；从常住人口城镇化率来看，重庆毗邻地区的城镇化率为 62.4%，处于工业化成熟期，四川毗邻地区为 46.8%，处于工业化中期。根据发展经济学关于工业化、城镇化进程的发展阶段标准，川渝毗邻的重庆区域处于工业化中后期，毗邻的四川地区处于工业化初中期。二是财政收入差距较大。按总量计算，2020 年一般公共预算收入最高的达州市达到 112.33 亿元，最低的城口县为 4.41 亿元；按常住人口计算，2020 年川渝毗邻地区人均一般公共预算收入最高的长寿区达到 6 048 元，最低的内江市为 2 110 元，前者为后者的近 3 倍。三是一般公共服务财政预算支出差距大。2020 年川渝毗邻地区的财产预算支出在用于教育、卫生健康、社会保障和文化体育等公共服务方面，最高的四川省达州市达到 436.67 亿元，最低的重庆市垫江县为 59.50 亿元，两者相差 7 倍多。川渝毗邻地区发展阶段判断见表 16-1。

表 16-1　川渝毗邻地区发展阶段判断

判断指标	参考标准	发展阶段	发展水平	
			重庆范围	四川范围
人均 GDP /美元	1 490~2 980	工业化初期	12 872	6 474
	2 981~5 960	工业化中期		
	5 961~11 170	工业化后期		
	11 170 以上	后工业化阶段		
产业结构	第一产业>20%	工业化初期	8.8：45.1：46.1	16.7：38.0：45.3
	第一产业<第二产业			
	第一产业<20%	工业化中期		
	第二产业>第三产业			
	第一产业<10%	工业化后期		
	第二产业>第三产业			

表3-1(续)

判断指标	参考标准	发展阶段	发展水平	
			重庆范围	四川范围
城镇化率/%	30~50	工业化初期	62.4	46.8
	51~60	工业化中期		
	61~75	工业化后期		
	75 以上	后工业化阶段		

二、行政层级体制不同导致公共服务难以协同发展

重庆直辖市体制与四川省级架构的行政层级不同，导致毗邻的重庆和四川的市（区、县）在资源配置、行政效率、信息互联、结算互通等方面的协调能力存在差异。一是不同行政层级导致资源配置能力上差异明显。川渝毗邻的四川区域主要以县级行政区为主，而重庆作为直辖市，毗邻的重庆区县享受"省直管县"的体制优势，更为扁平化的行政管理体制使得重庆区县在统筹公共服务规划布局、基础设施建设等方面的决策和行政效率更高，城乡公共服务供给能力和协调能力相对更强。二是行政层级多导致公共服务数据信息碎片化难以整合共用。公共服务信息来源于教育、医疗、文化、体育、社保、医保等多个部门，且毗邻地区各级政府众多，各地"互联网+政务"建设缺乏统一的顶层设计、系统规划、设计人才和资金配套，导致各地政务网相互分割，"碎片化"发展，系统数据通道难以打通，公共服务各领域推进电子证照跨地区互认互信、共享应用实质性进展缓慢。三是行政等级差异导致多领域结算互通难度大。川渝毗邻地区重庆范围大多数属于区级行政区，四川范围则属于县级行政区，不同行政等级在财权领域和事权领域差异性明显，导致在公共服务供给中承担的责任和任务、行使的财权不同，以致在公共服务领域实现跨区域直接结算难度大。

三、协调机制尚不健全导致政策协同工作协调难度大

川渝毗邻地区公共服务共建共享仍处于探索阶段，政策环境不一致，合作协调机制不健全，缺乏明确的制度保障，部分领域尚未建立常态化沟通渠道，"协而不同"现象依然存在。一是缺乏规划统筹引领。成渝地区双城经济圈建设战略实施以来，两地出台了《川渝两省市毗邻地区合作共

建功能平台推进方案》，但尚未出台教育、医疗、文化、社保等公共服务协同发展规划或方案，导致合作方向目标不明确。二是缺乏相应的制度法规保障。目前，川渝毗邻地区出台的合作协议、合作备忘录等大多为倡导性文件，缺乏刚性约束和具体指导，尚未形成行之有效的财政保障机制、管理运行机制、基层人才培养机制、分工协作机制和监督评估机制，难以打破经费保障、机构协调、人员统筹、服务对接等诸多的现实壁垒。三是缺乏统一的建设服务标准。公共服务一体化在多领域存在标准差异，多领域程序对接"堵点"依然存在。在教育方面，川渝毗邻地区没有形成统一的教育考核标准，从职业教育来看，没有形成统一的专业职业能力考核规范和技能人才的评价体系，无法构建毗邻地区特色产业职业体系。在医疗卫生方面，医疗救助一站式结算、参保人员跨省医保关系转移统筹基金清算等还在推进过程中。在养老服务方面，川渝毗邻地区奖补标准、护理分级标准不相同，在准入、运营和管理方面也没有统一的规定。

第二节　川渝毗邻地区公共服务一体化发展对策建议

针对川渝毗邻地区公共服务一体化当前存在的主要问题和形成原因，一方面，当地政府要推动各地在资源布局、信息共享、财政投入等方面加强统筹协同；另一方面，重庆要敢于担当、勇于作为，在川渝毗邻地区公共服务一体化进程中做出更大贡献，以此推动毗邻地区协同构建配置优化、共建共享、流转顺畅、一体发展的公共服务体系。

一、强化区域统筹协调，推动公共服务资源协同布局

当地政府要统筹谋划川渝毗邻地区公共服务资源配置和布局，着力提升机构和设施服务效能，避免重复建设和资源浪费。一是建立统筹协调制度，即联合四川省、重庆市相关部门以及毗邻地区各市（区、县）政府，建立川渝毗邻地区公共服务一体化发展联席会议制度，定期讨论公共服务领域重大事项，共享项目建设和事业发展信息，谋划和建设一批辐射力强的大型公共服务设施和特色化服务机构。二是联合编制专项规划，即在建立联席会议制度基础上，推动川渝毗邻地区联合编制公共服务一体化发展专项规划，摸清毗邻地区公共服务机构设施"家底"，共同协商区域定位和不同领域分工，统筹布局新建设施，联合争取国家级、省（市）级机构

落地。三是达成区域布局导向共识，即推动川渝毗邻地区树立大局意识，在统筹谋划公共服务资源配置和布局方面达成共识。一方面，要以常住人口和经济体量为导向，与区域常住人口规模、当前与未来经济规模、城镇建设规模相适应；另一方面，要以补短板和强优势为导向，充分考虑各市（区、县）人口结构、产业结构和公共服务基础现状，既要增强优势，放大辐射效应，又要补齐短板，促进民生普惠。

二、促进服务标准对接，建立公共服务信息共享平台

当地政府要促进数据共建共享和平台互联互通，推动公共设施建设和服务标准对接统一，提升川渝毗邻地区公共服务便利化、标准化、一体化水平。一是推动公共服务标准统一，即建立完善两地公共服务标准体系，统筹推进公共服务设施标准化建设，建立公共服务标准的动态调整机制，实现公共服务资源的一体化管理和一体化配置；以教育考核标准、人才评估标准、护理分级标准、社会救助标准、医疗报销标准等为重点，加快推动川渝毗邻地区公共服务标准对接统一。二是推动政府之间数据开放对接，即探索建设川渝毗邻地区公共服务数据共享清单，实现数据标准化、清单化、集成化管理；推动数据资源体系架构对接统一，促进数据平台全方位对接；建立健全公共服务数据跨区域开放制度，明确制定数据开放计划时间表，有序推进建设川渝毗邻地区统一的公共服务政务数据资源开放共享平台。三是促进公共服务政策有效对接，即破除公共服务区域性户籍限制，推动教育、就医、住房、就业等公共服务政策面向两地居民开放；梳理"同城化无差别"受理事项清单，推动"渝快办"和"蓉易办"开设通办事项专门窗口，就企业搬迁、人口迁移、社保转续、异地就医结算等高频受理事项开辟审批服务"绿色通道"，实现两地群众和企业公共服务事项"异地可办"。

三、加大财政保障力度，建立财政投入协同增长机制

当地政府要积极争取上级财政支持，持续优化内部支出结构，通过"三个倾斜"保障各地公共服务投入协同增长。一是争取上级公共服务投入向川渝毗邻地区倾斜。有鉴于基层政府财力普遍较弱的现实状况，川渝毗邻地区各市（区、县）需联合向中央和川渝两省份积极争取加大民生投入力度，重点向毗邻薄弱地区、民生短板领域倾斜，建立财政保障机制，

确保各级财政转移支付用于毗邻地区公共服务的资金只增不减。二是川渝毗邻地区各市（区、县）财政投入向公共服务领域倾斜，即合理划分各级政府关于各类公共服务支出责任，平衡经济产业领域、城市建设领域和公共服务领域的财政投入结构，着力摆脱重"面子工程"、轻公共服务的泥潭，强化公共服务供给和相应领域财政投入。三是公共服务投入重点向一体化项目倾斜。川渝毗邻地区在保障各地基本公共服务供给前提下，要合理增加促进公共服务一体化的事项支出，重点打造公共服务一体化平台，加快促进双方公共服务办理程序和标准对接衔接，着力推动川渝共建的重大项目，密切开展公共服务领域技术和人才培训交流活动。

四、发挥直辖体制优势，率先强化重庆地区资源配置

重庆市要充分发挥其作为直辖市具有更为扁平化的行政管理体制优势，率先强化重庆毗邻地区公共服务资源配置，增强对四川毗邻地区的辐射和服务能力。一是加强优质教育资源配置，即鼓励南开、巴蜀等重庆优质名校与毗邻地区学校联合办学或到毗邻地区设立分校区，推动共建基础教育校长及教师培训联动平台，大力发展远程教育，让川渝毗邻地区师生同等享受中心城区优质教育服务。二是提升医疗卫生服务能力，即鼓励陆军军医大学第一附属医院、陆军军医大学第二附属医院、重庆医科大学附属第二医院等与川渝毗邻地区医院合作组建医疗联合体或到毗邻地区设立分院；支持毗邻地区医院与中心城区三甲医院在远程医疗、紧急救援协作、卫生人才培养、学术交流等方面开展合作，实施名医定期到毗邻地区授课坐诊计划。三是加强住房保障，即发挥重庆公租房运营管理体系完善和国家住房租赁试点城市的优势，加大毗邻地区保障性安居工程建设力度，鼓励工业园区、专业市场建设配套住房、人才公寓、保障性租赁住房等；降低毗邻地区保障性住房准入条件，不分城乡区域户籍向务工人员提供住房保障，吸引周边地区劳动力来重庆就业定居。

第十七章 成渝地区双城经济圈人力资源需求特征及对策建议

习近平总书记在 2021 年 9 月召开的中央人才工作会议上指出，人才是衡量一个国家综合国力的重要指标，"国家发展靠人才，民族振兴靠人才"。人才是撬动所有资源的首要要素，也是推动成渝地区双城经济圈建设在西部形成高质量发展的重要增长极的首要保障。

当前，随着互联网技术的快速发展，网络招聘已经成为人才获取的重要途径之一。特别是 2020 年以来，网络招聘方便快捷等优势更加凸显，市场规模占比逐步提高，对区域人力资源需求发展变化的反馈也将更为准确。我们使用大数据技术采集 2021 年 1~4 季度前程无忧 51Job 招聘网站上川渝两地各单位（企业）发布的百万条全样本招聘信息，对数据进行清洗整理之后，通过深入挖掘分析发现，成渝地区双城经济圈人力资源需求变化情况呈现多个特征。

第一节 互联网招聘下两地人力资源需求特征

一、人力需求高度集中在"两核"地区，重庆主城都市区招聘需求整体低于成都市

2021 年，各类市场主体面向川渝地区共发布有效招聘岗位 89.2 万个。其中，成渝地区双城经济圈新增招聘岗位数占比超过 95%，其招聘需求高度集中在重庆主城都市区、成都市"两核"地区，分别占 23.8% 和 61.8%。成都高新区、成都武侯区、重庆渝北区人才需求最为旺盛，占成渝地区双城经济圈招聘数的 9.7%、8.5% 和 7.2%。与此同时，派往川渝以

外地区工作的新增招聘岗位比重约为 3.5%，主要面向上海、西昌、深圳等城市。此外，还有近 1.5% 的招聘岗位分布在成渝非双城经济圈区域，主要集中在广元等地。

二、经济下行压力增大叠加产业升级步伐加快背景下，企业招聘需求逐步向"少而精"转变

2021 年以来，成渝地区双城经济圈内企业新增招聘岗位数量呈逐月减少的趋势。1 季度新增岗位数量占全年招聘总量的 45.9%，2、3、4 季度则分别下降至 24.1%、18.9%、11.1%，与招聘市场传统季节性波动特征出现背离。与此同时，新增招聘岗位的薪酬水平则逆势略有提升。2021 年 1~4 季度新增招聘岗位平均年薪分别为 8.05 万元、8.26 万元、8.57 万元和 8.84 万元。这在一定程度上表明，在经济下行压力增大、产业转型升级步伐加快等背景下，企业大规模招聘需求减少，但对紧缺型人才的需求仍较强烈，更倾向于通过提高薪酬竞争力吸引人才。2021 年企业新增招聘岗位比重和平均年薪季度变化情况见图 17-1。

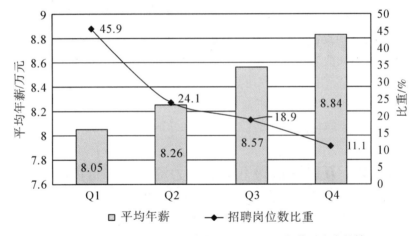

图 17-1 2021 年企业新增招聘岗位比重和平均年薪季度变化情况

三、民营企业招聘需求相对偏弱，民营小微企业总体略好于大中型民营企业

2021 年，成渝地区双城经济圈民营企业新增招聘岗位数量占招聘总量的 78.3%，是用人需求最大的市场主体。但与国有企业相比，民营企业招

聘需求缩减更为明显，薪资增长相对较少。4 季度，民营企业新增招聘数较 1 季度减少 76.9%，降幅比国有企业高出 9.6 个百分点；平均薪酬增长 8.6%，较国有企业低 3.4 个百分点。小微民营企业总体略好于大中型民营企业，4 季度民营企业中 50 人以下的小微企业新增招聘数较 1 季度减少 72.5%，岗位缩减幅度最小；同时，平均年薪增长 14.0%，薪资涨幅仅次于万人规模以上企业，小微企业发展活力在政策支持下正在加快修复。2021 年 4 季度民营企业招聘岗位数量和平均年薪较 1 季度增长情况见图 17-2。

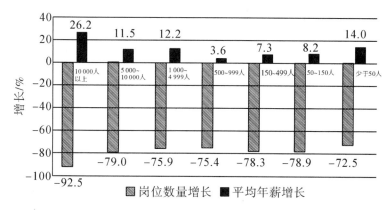

图 17-2　2021 年 4 季度民营企业招聘岗位数量和平均年薪较 1 季度增长情况

四、制造业薪资有所上涨，4 季度反超服务业

在出口较快增长、企业利润改善、工业转型升级进一步加快等因素带动下，2021 年成渝地区双城经济圈制造业薪资水平呈现上涨态势。4 季度，制造业新增招聘岗位平均年薪达到 8.87 万元，较 1 季度增长了 15.2%，反超服务业 208.13 元。其中，仪器仪表/工业自动化、汽车及零配件、原材料和加工行业薪资增幅较大，分别提高了 21.3%、21.1%、20.7%。与制造业相比，服务业薪酬增长较慢，4 季度服务业新增招聘岗位平均年薪较 1 季度增长 9.5%，低于制造业 5.7 个百分点。其中，房地产、金融、物流运输等主要领域 4 季度平均年薪较 1 季度分别增长 7.2%、13.6%、10.4%，而美容/保健、娱乐/休闲/体育、公关/市场推广/会展等细分行业则分别下降了 14.7%、7.8%、6.2%。2021 年制造业、服务业平均年薪季度变化情况见图 17-3。

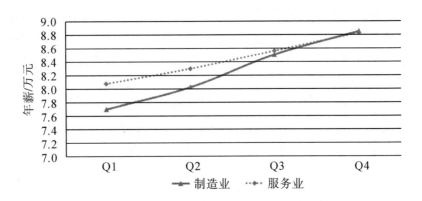

图 17-3　2021 年制造业、服务业平均年薪季度变化情况

第二节　重庆互联网招聘中存在的主要问题

一、房地产、教育培训等行业招聘需求大幅缩减

2021 年下半年，房地产市场迅速降温，岗位招聘需求也呈现"前热后冷"的特征。1 季度，房地产/建筑行业①新增招聘数占全部行业的31.6%，2、3、4 季度则逐步下降到 28.0%、25.1%、18.4%。其中，房地产企业、中介服务、家居/设计/装潢、建筑/建材/工程、租赁服务 5 类细分行业 4 季度新增招聘数占全行业比重较 1 季度分别下降了 6.8%、5.7%、0.4%、0.4%和 0.2%，仅物业管理/商业中心岗位需求占比逆势提高了0.3 个百分点。此外，教育培训行业在"双减"政策背景下招聘需求明显收缩。4 季度，教育培训行业新增招聘数占全行业比重较 1 季度减少了3.6 个百分点。房地产/建筑、教育培训行业作为吸纳应届毕业生就业的重要领域②，其用人需求的大幅缩减或将对后期大学生就业带来较大压力。

---

① 51Job 招聘网站中，房地产/建筑行业中下设房地产、家居/设计/装潢、建筑/建材/工程、物业管理/商业中心、中介服务、租赁服务 6 类细分行业。

② 重庆市教委发布的《重庆市 2021 届普通高校毕业生就业情况报告》中指出，从就业单位的行业划分来看，毕业生主要在教育、信息传输（软件和信息技术）服务业、制造业和建筑业等行业就业。

二、高技术制造业薪酬竞争力相对偏弱

2021 年，成渝地区双城经济圈中制造业和服务业的平均年薪分别为 8.1 万元和 8.3 万元，其中重庆范围分别为 7.98 万元、8.21 万元，四川范围分别为 8.16 万元、8.34 万元。具体来看，重庆汽车及汽车零部件、机械/设备/重工业、医疗设备/器械等行业薪酬具有一定优势，但电子技术/半导体/集成电路、仪器仪表/工业自动化等高技术产业平均年薪约为四川的 90.9%、92.2%，薪酬竞争力相对不足。两地金融业、科学研究和技术服务业、住宿餐饮业、租赁和商务服务业薪资水平基本持平，但重庆文化体育和娱乐业、教育培训业、批发和零售业、软件和信息技术服务业平均年薪仅为四川的 87.9%、93.0%、94.8%、95.0%。此外，重庆年薪 20 万元及以上中高端岗位相对较少，重庆范围制造业、服务业中高端岗位招聘数量比重为 2.5%、3.0%，分别较四川范围少 0.9 个、0.2 个百分点。

三、新经济新业态用人需求相对不足

2021 年 1~4 季度，成渝地区双城经济圈微商电商、即时配送、新媒体、直播经济 4 个新经济新业态招聘岗位比重分别为新经济岗位总数的 2.2%、3.7%、4.0%、4.4%，呈逐步上升趋势；同时平均年薪逐季分别达到 8.6 万元、8.8 万元、9.2 万元、9.9 万元，远高于全行业平均薪资水平，新经济新业态已成为吸纳年轻人就业的新引擎。相较于四川，重庆新业态发展活力相对不足：一是新业态岗位招聘数量明显少于四川。当前成渝地区双城经济圈新业态用人需求主要集中在成都市，其招聘岗位数量占比超过了 65%，而重庆仅有 27%。二是新业态岗位的薪酬竞争力相对偏弱。2021 年，重庆新业态岗位平均年薪为 8.6 万元，而四川范围达到了 9.1 万元，薪酬竞争力高于重庆。新经济新业态岗位主要类别（字体越大代表岗位数量越多）见图 17-4。

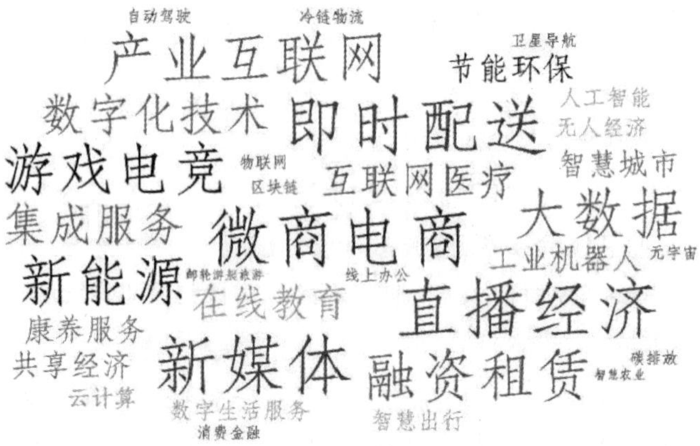

图 17-4 新经济新业态岗位主要类别（字体越大代表岗位数量越多）①

第三节 优化成渝地区双城经济圈人力资源配置对策建议

一、聚焦重点领域和重点群体，加强就业风险防范与帮扶工作

当地政府要针对房地产/建筑、教育培训等主要"就业蓄水池"行业招聘需求明显收缩带来的就业风险问题，积极采取各项应对措施。一是聚焦重点领域重点群体，精准施策促进就业转化，即针对房地产企业、中介服务行业等用人需求下降较大的领域，组织专场招聘会，促进设计、工程、信息化等专业技术较强的人员跨行业就业；针对教育培训行业，支持向在线教育、素质教育、成人教育等方向转岗就业；针对农民工、应届大学生等重点人群，鼓励开展新经济新业态就业或灵活就业。二是充分挖掘劳动密集型生活服务业就业潜力，扩大就业市场容量，即依托重庆老年人口规模优势，积极培育老年消费市场，加快老年教育、居家服务、老年助餐等适老服务业发展；推动物业服务向老旧小区改造、养老、托幼、社区电商等多元化业务延伸，激活更多社区服务需求，增强物业服务行业就业吸纳能力。三是扩大国有企业就业规模，稳定民营企业就业生力军作用，即在经济调整压力增大、新增岗位大幅缩减的情况下，加大国有企业就业

① 根据《关于支持新业态新模式健康发展激活消费市场带动扩大就业的意见》和赛迪智库《数字经济新业态新模式发展研究报告》等资料梳理形成。

岗位投放力度，重点帮扶民营行业龙头企业、骨干企业，特别是关注房地产、建筑等吸纳就业规模较大的企业政策需求，保持就业稳定，避免剧烈波动；稳定中小微民营企业纾困优惠政策，高度重视"专精特新"中小企业发展，营造良好创新生态，以创业带动就业，拓展就业新空间。

二、推动制造业高质量发展并优化布局，进一步挖掘就业空间

重庆高端制造业主要集中在主城区，主城都市区乃至渝东北、渝东南城镇群中高端制造业和高技术产业发展仍相对滞后，当地政府要以龙头企业为牵引进一步优化产业布局，促进新增就业空间合理分布。一是加大龙头骨干企业和领军企业培育力度，即推动本土产业链头部企业做强做优，促进产业链群企业加快集聚发展；聚焦制造业高质量发展需要，加快引进培育一批自主创新能力强、技术水平先进的领军企业，培育一批"专精特新"企业和制造业单项冠军企业，拓展和培育新的产业链条。二是引导劳动密集型产业和中高端制造业在主城都市区合理布局，即依托两江新区、重庆高新区等国家级产业发展平台，联动周边区域共同推进万亿级、千亿级先进制造产业集聚区建设，抓住东部产业转移机遇，重点在主城都市区布局消费品工业等劳动密集型产业以及重庆主导优势产业的配套加工基地，构建形成大中小城市优势互补、协同发展的制造业产业体系。三是加强制造业中高端应用型人才培育，即聚焦产业基础再造和产业链提升工程，加大科研院所和高等院校引进力度，推动在渝高校优化学科专业设置，加强中高端应用型人才储备；加快构建科研院所与企业中高端人才联合培养机制，从供给侧发力，将人才优势培育转化为制造业发展优势。

三、重视对新经济新业态的孵化培育，不断扩大就业容量

当地政府要加快推动新经济新业态发展，为增加内需和扩大就业注入新的动力源。一是鼓励发展新个体经济，拓展就业空间，即发挥新个体经济就业容量大、进出门槛低、灵活性与兼职性强的功能，鼓励发展微商电商、即时配送、新媒体、直播经济等新个体经济业态，大力促进灵活就业。2021 年，微商电商、即时配送、新媒体、直播经济 4 个行业新增招聘数分别占新经济全部岗位的 20.4%、15.5%、14.0%、9.7%，总占比接近60%，增长潜力较大。二是培育新兴数字经济企业释放多元化就业需求，即结合重庆教育、医药、电竞产业发展基础，加快培育在线教育、互联网

医疗、游戏电竞等新业态产业企业，充分发挥数字经济新业态创新引领性强、易于复制推广、辐射带动作用大等特点，以优势龙头企业带动产业集群化发展，做强数字经济产业体系，促进更多的年轻人在重庆创业就业。三是加强为新经济新业态发展配套的新型基础设施建设，即加大5G网络、数据中心等新型基础设施建设的投资力度，夯实数字经济发展基础，促进高技术人才、应届大学生、农民工等多层次群体就业。

第十八章 推动成渝地区双城经济圈涉外事务互办互认的对策建议

广义的涉外事务是指国家机关与外国政府、国际组织、国际机构、外国企业和团体、境外企业和团体、外宾、华侨所进行的政治、经济、文化、法律、军事、旅游等一切交涉、会谈和活动，可以说一切涉外工作和涉外部门都可以叫作"外事"①。地方涉外事务是党和国家对外工作的重要组成部分，对地方开展对外交往合作、促进经济社会发展具有重要推动作用。开展成渝地区双城经济圈涉外事务的互办互认可行性研究，有利于加速跨国居民、国际人才等人员流动，有利于加速跨国机构等平台交往，提升成渝两地经济外向度、城市美誉度和国际事务参与度，加快建设内陆改革开放新高地、中西部国际交往中心。

第一节 成渝地区双城经济圈涉外事务合作的现状及问题

一、重庆涉外事务发展现状

（一）出入境服务质效持续提升

近年来，重庆与全球主要国家（地区）的人员交往更加密切。一是重庆居民出入境增速高于全国平均水平。2019 年，重庆出入境边防检查总站全年共查验出入境人员达 341 万人次、出入境航班达 2 300 架次，同比增速均高于全国平均水平，出入境人员查验量在中西部机场口岸中位列第三

---

① 朱建兴，邓平. 最新外事工作管理百科全书［M］. 北京：中国经济科学出版社，2007.

（成都为 700 万人次）。二是赴渝留渝外籍人士和国籍数量均大幅增加。2019 年，重庆航空口岸出入境外国人同比增长 7.2%，入渝外籍人较多的国家分别是韩国、泰国、美国、马来西亚、新加坡等，共办理外国人签证近 2 万件次，重庆市的国际吸引力持续增强。2019 年重庆居留许可证与普通签证发放情况见图 18-1 和图 18-2。

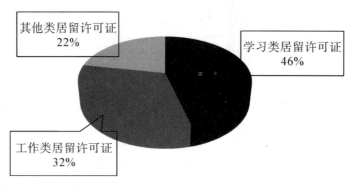

图 18-1　2019 年重庆居留许可证发放情况

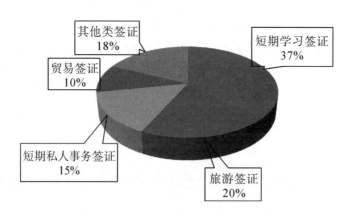

图 18-2　2019 年重庆普通签证发放情况

（二）外籍高层次人才加快集聚

当地政府持续扩大外国人才申请永久居留、签发长期签证等对象范围，提高外国人服务管理水平，促进外籍高层次人才加速集聚。一是外籍人才入境政策创新发展。重庆市创新性设置了中国"绿卡"的市场化准入渠道，给予重点园区主管部门外国人永久居留推荐资格，现为西部地区移民出入境政策最优最全的城市。二是外国人才签证制度实施成效明显。重庆是全国首个向市内所有区县下放邀请接待单位备案、外国人签证证件受理、审批等权限的城市，2019 年签发的"外国高端人才确认函"超过 200 余份，为外国高端人才发放工作许可达 800 余份。

（三）科教文卫体国际化提速发展

重庆市科教文卫体等社会领域有序对外开放。一是科技国际合作深化发展。重庆市成功引进新加坡国立大学等知名大学和科研机构，深耕"一带一路"东欧国家的技术成果转移转化。2020 年，重庆市与俄罗斯等国家共同申报科技部国际合作项目达 12 项。二是教育国际合作交流加快。为深化与俄罗斯、泰国等国家的教育交流合作，重庆市成立了高水平中外合作办学机构，2020 年全市新增 5 个中外合作办学项目。三是国际文旅融合发展加快推进。重庆市出台了《入境旅游三年行动方案》，"一带一路"商品展示交易中心建设成效明显，具有国际范、中国味、巴蜀韵的世界重要文化旅游目的地建设加快。四是国际医疗合作成效明显。重庆市已将外籍医师来华短期行医行政审批权限调整到两江新区、高新区和自贸区，2020 年共有 8 家外资医院，20 余位外籍医师拥有在渝注册短期行医资格。

（四）口岸通关便利化持续提升

重庆市现已形成立体化口岸通关体系，全力保障机场口岸 7×24 小时通关。一是口岸功能持续增强。重庆市航空口岸已实现覆盖全域的 144 小时过境免办签证，同时开设"一带一路"沿线国家专用通道。二是航空枢纽国际通达性持续提升。2020 年，重庆市累计开通国际（地区）航线 101 条，初步构建了覆盖欧、美、澳、亚、非的客、货运航线网络。三是智慧边检大力提升通关效能。重庆市持续优化出入境旅客自助查验通道，出入境通关时间进一步缩短，全市机场口岸出入境旅客自助通关占总人数的 62.2%，自助通关人员比例进一步扩大。

（五）国际交往日益频繁

近年来，重庆市国际交流合作持续深化，国际影响力大幅持续提升。一是国际友好城市"朋友圈"不断拓展。重庆市新设白俄罗斯总领事馆，驻渝领事机构达 12 家，国际友好城市有 49 对、友好交流城市有 104 对。二是国际会议会展活动成功举办。重庆市圆满举办了智博会、西洽会、重庆英才大会、重庆全球旅行商大会等重大会议活动，积极承办上合组织地方领导人会晤等国家系列多（双）边外事活动。三是国际性赛事活动创新发展。重庆市持续打造中国杯世界花样滑冰大奖赛、永川国际女足锦标赛等一批品牌性赛事，提档升级重庆国际马拉松赛等赛事，重庆国际知名度进一步提升。

二、成渝地区双城经济圈涉外事务合作的现状

（一）涉外事务协作机制逐步建立

川渝两省市密切配合、共同谋划，目前已建立起党政联席会议、常务副省（市）长协调会议、联合办公室、专项工作组四级合作机制，签署了多项合作协议，重点在外事互办互认、国际人才对等互认、协同推进教育国际交流、医疗卫生国际化、共建巴蜀重要旅游目的地、推动两地外籍人才创新创业、涉外公共政策联动等方面展开合作。

（二）出入境管理服务同城化发展

川渝两地出入境管理服务互办互认进程加快。一是建立起成渝两地往来港澳商务备案互认模式。比如，企业在注册地备案后，即可在两地任一县级及以上公安出入境窗口申请港澳通行证及商务签注。二是川渝居民出国（境）证件跨区域办理更便捷。比如，成渝户籍居民在两地任一县级及以上公安出入境接待窗口即可申请往来港澳台签注（赴台定居除外），证件办结时限进一步缩短为 7 个工作日。三是"高精尖"外籍人才实现跨区域就业。比如，在两地重点高等院校、科研院所和知名企业工作的外籍高层次人才，经工作单位和兼职单位同意，在出入境管理部门备案，即可兼职创新创业。

（三）高层次人才对等互认取得积极进展

当地政府积极推动川渝两地外国人才资源和引智成果共享。一是共同争取设立国家级人才管理改革试验区，选派国内外高端人才到成渝地区双城经济圈引领建设国家实验室、大科学装置、高等学校和研究机构。二是积极推进人才政策协同。重庆联合四川举办 2020 年重庆英才大会，积极探索建立区域一体化的人才评价制度，分级分类推动成渝地区双城经济圈高层次人才评价、职称、技能等级、外籍人才居留等方面互认。三是协同开展引才育才。两地积极共建川渝籍在外高端人才数据库，推行院士专家产业园、工作站等，协同开展招才引智工作。

（四）涉外公共服务政策联动增强

川渝两地共同加快补齐教育、医疗、就业等涉外公共服务领域短板。一是深化两地国际科技合作交流，共建"一带一路"科技创新合作区和国际技术转移中心，共同筹备"一带一路"科技交流大会，持续优化成渝地

区双城经济圈科技创新环境。二是持续推动教育对外开放协同发展，联合成立"成渝地区双城经济圈国际理解教育联盟""西部陆海新通道职教国际合作联盟"等，共享中外人文交流重大理论和实践成果。三是川渝卫生健康加快一体化发展，积极探索公立综合医院检查检验结果互认、信息互通、"智慧医院"共建共享路径。四是联合开展巴蜀文化旅游营销推广，共同发起成立"144小时过境免签政策推广联盟"，面向全球合作开展巴蜀文化旅游走廊宣传推广。

（五）外事交流合作进一步深化

川渝两地积极共享外事资源、共商协同发展。一是合力建设成渝双城国际商务中心，进一步提升各类国际驻蓉、渝机构的管理服务水平。二是积极筹划成渝地区双城经济圈全球推介会活动，共同争取重大外交外事活动落户两地，持续扩大成渝地区双城经济圈涉外活动的辐射力和影响力。三是共同争取两地试行文书领事认证互办互认，探索建立一体化领事认证工作平台，推动两地驾照、学历等民事涉外公证书申办实现互办互认。四是共享国际友城资源，在友城交往中注入"成渝地区双城经济圈"元素，大力推动两地民间组织"走出去"，深化民间对外合作交流。

三、成渝地区双城经济圈涉外事务合作面临的问题

（一）外事合作联动仍显不足

一是成渝两地在使领馆及国际友城设立方面的竞争大于合作。成渝两地在使领馆、国际友城落户方面竞争较为激烈，目前还未找到合适路径来规避这一竞合问题。二是"大友城"理念需要进一步强化，相关合作机制仍不完善，与两地友城之间实质性交流与合作需要进一步加强。三是共办重大外事活动协商协调机制仍有待健全。

（二）过境免签政策联动有待增强

成渝两地现有的144小时过境免签政策的实施范围仅限于本地区域，不能实现外国人在两地自由选择任一口岸出入境的便利化。相较于京津冀、苏浙沪等地均已实行144小时过境免签政策联动，重庆在外国商务会展和旅游入境等方面加速要素流动所带来的政策红利还存在一定差距。此项政策须经国务院批准，公安部等部门验收，但受国家安全以及需求规模不足等因素影响，目前还很难实现联动。

（三）外籍人才两地互认及跨区域兼职创新创业不足

一方面，外籍高层次人才职称互认机制事权在中央，两地对外籍高层

次人才职业资格对等互认、职称互认、国际奖项互认等尚无法实现。另一方面，外籍人才跨区域工作（兼职）受制度、政策等因素制约较大。目前，重庆市内外籍高层次人才均依附地域严格管理，跨区兼职只能限定在国家移民局出台的12项移民出入境便利政策措施框架下实施，而粤港澳大湾区、京津冀、长三角等地在移民局、外交部、人社部、科技部等部门的大力支持下，已探索实施外籍人才区域一体化地域范围的互认，并给予原工作地许可证注销过渡期。

（四）涉外公共服务共享发展行政壁垒依然存在

由于行政体制的分割，涉外公共服务平台隔离和数据壁垒仍然存在。在医疗卫生服务方面，虽川渝两地医保结算早已互通，但各地因担心医保基金的流失，不愿意让本地就职的外国人去其他区域通过医保结算的形式就医。在教育方面，因担心外籍人才流失，即使本区域国际学校不能满足就学需求，外籍人才的子女仍不能跨区就读其他地方的国际学校。在人力社保方面，目前成渝两地外籍人才社保缴纳转移接续机制仍不健全，外籍人才在川渝地区流动任职社保续接尚未完全实现。

（五）国际活动合作仍处于起步阶段

第二届成渝地区双城经济圈全球投资推介会于2023年4月在深圳正式开幕，本次推介会以"远见者·鉴未来"为主题，由四川省人民政府、重庆市人民政府联合主办，四川省经济合作局、重庆市招商投资促进局联合承办，川渝20个市（区、县）共赴鹏城协同招商。作为第二届川渝携手打造的全球投资推介会，延续了2021年首届全球推介会（中国·上海）的影响力，继续发出川渝地区坚定不移贯彻新发展理念、共下"一盘棋"的时代强音。虽然这次的推介会在协同招商机制上实现了较大突破，通过联合推介，川渝两地再一次吸引了世界目光和业界关注，一批具有竞争性和带动性的重大项目相继落子成渝，一批境内外跨国知名企业和行业领军企业陆续赴成渝实地考察、对接洽谈，成渝地区双城经济圈国际影响力和美誉度持续攀升，但是川渝两地对于这种国际活动的合作仍处于起步阶段，之后在其他类似活动中，还需要在具体推介方式、宣传片制作、成果展示等方面进一步细化。

第二节 实现成渝地区双城经济圈涉外事务互办互认的对策建议

以建设中西部国际交往中心为引领，重庆市进一步发挥市委外办统筹全市涉外事务的职能职责，整合优化全市外事、公安、司法、科技、教育、卫生、人社、文旅、口岸、经济等领域涉外资源，加强与四川的合作共建，形成发展合力，更好地服务于内陆改革开放高地建设。

一、全面加强外事资源合作共享

成渝地区要加强两地领馆事务合作，强化国际友城资源共享，共同拓展国际"朋友圈"。一是加强成渝两地领馆事务协同合作，即在涉外证照颁发、文书领事认证等方面积极探索，推动相关涉外业务线上办理，推进同一平台开展民事商事领事认证，同步实行国内文书领事认证互办互认，提高两地领馆事务合作联动水平。二是推动更多领事机构落户成渝两地，即共同争取外交部政策支持，共建共享国际友城交往平台，力争更多"一带一路"沿线国家、《区域全面经济伙伴关系协定》（RCEP）成员、欧美等国家，特别是与川渝缔结了友好城市的国家在川渝设立总领馆或开设领事办公室，开办签证业务。三是共同推进国际友城拓展，即依托"渝新欧""蓉欧"等大通道，密切与"一带一路"沿线城市的官方和民间往来，以成渝地区双城经济圈名义加强与东亚、东南亚等主要城市的友好交流，创新开展旅游互推、人文互鉴、教育医疗资源互享等全方位合作，推进共建国际姊妹校、国际化医联体，共同拓展两地国际友好城市。

二、积极争取过境免签政策联动

成渝地区要加强出入境管理服务同城化，共同提升两地过境免签政策吸引力。一是积极争取两地 144 小时过境免签政策联动，即共同协商划定好两地实施 144 小时过境免签政策联动区域范围；积极向国务院、公安部等部门争取在两地实施外国人 144 小时过境免签政策联动，实现前往第三国（地区）的外国人可自由选择从重庆和四川任一口岸入境或出境，进一步为外国人来成渝地区双城经济圈从事商务、旅游、探亲等短期活动提供便利和政策储备，形成加速外籍人员流动的合力优势。二是共建联动互通的国际旅游免签线路，即依托两地过境免签和口岸签证政策，加强航空公司、机场等联动合作，推进两地口岸与景区联动，完善144小时过境免签联程产品，丰富两地航路组合，实现成渝两地外籍人士免签旅游便捷化。三是发挥政策优势，吸引更多外籍人士来访，即依托境外推广中心等平台作用，加大免签政策在海外宣传推广的力度，深化国际旅游合作，完善相关配套措施，加快川渝旅游"走出去、请进来"步伐。

三、共建国际人才服务体系

成渝地区要加强国际人才服务体制机制创新，共建国际人才综合服务体系。一是共同优化外籍人才发展环境，即研究出台统一的成渝地区双城经济圈海外高层次人才引进计划，共建"欧美""日韩"等引才专线，共建成渝地区双城经济圈外籍人才服务窗口、创新创业平台以及成果产业化基地，提升各领域项目引才、环境引才、事业引才服务效能。二是共建互惠互利的外籍人才合作机制，即加强两地外籍人士职业资格认证统筹协同，增强两地国际人才认证政策执行一致性，逐步实现外国医师、外籍教师以及国际技能职业工种等职业资格互办互认；共建一体化的国际人才评价制度，统一海外人才评价办法，实行外籍人才居住积分统一在线管理。三是创新外籍人才工作居留许可管理，即共同优化资格审批流程和时限，推行容缺机制和承诺制，积极推进"零费用"最优惠办理待遇；对持证外籍高端人才给予其配偶、未成年子女相同期限、多次入境、相应种类签证；深化两地外籍人才跨区域创新创业备案制，推动更多外籍专家在川渝两地开展科研、创新等工作。

四、共建共享国际化生活圈

成渝地区要进一步优化完善涉外服务体系，打造便捷共享的国际生活圈。一是协同推进涉外公共服务一体化，即加强国际社区和国际化特色人居环境建设，完善外籍人士生活、工作集聚区域的商业、教育、医疗、文化等配套设施，推动两地外籍人才社保统筹管理与转接便捷化；推动两地涉外定点医院医疗、结算等服务一体化，共同加强涉外学校建设，鼓励外商投资各类民办教育，加强国际教材及国际考试机构的引进，增加涉外教育供给。二是提升涉外管理服务水平，即推行涉外政务服务"一站式"办理模式，抓住口岸、银行等关键环节加强外籍人员"一卡通"管理，推动两地建立涉外管理联席会议制度，加强涉外服务专项项目的设立。三是增强国际化服务能力，即共同推进涉外事务标准体系建设，提升成渝地区双城经济圈国际化标识水平，加强涉外服务人才培养，提升涉外窗口管理、涉外医疗教育等行业人员的国际化服务水平。

五、合力举办国际交往活动

成渝两地要不断丰富国际交往活动，提升成渝地区双城经济圈国际交往的层次和水平。一是共建多元化国际交往平台，即依托智博会、西洽会、西博会等共同打造国际会展名城；共建三峡国际旅游精品线路，共办世界级康养大会、绿色发展国际论坛、温泉与气候养生国际研讨会等主题活动，实施中国川剧节等节会活动培塑工程，联合申报承接大型国际性体育赛事项目，以专题分置等形式健全两地轮流举办国际活动的体制机制。二是加强人文教育的国际交流合作，即充分发挥国际化教育窗口学校的作用，积极开展国际优质资源引进以及中国特色国际课程开发推广，建设"留学巴蜀""感知重庆"等品牌项目；推动建立"成渝孔子学院"联盟、川渝中外人文交流专家库等平台，加快两地文化教育"走出去"步伐。三是共同举办对外文化交流活动，即共同策划和承接外交部、文化和旅游部等主办的大型交流活动，参与国家"逢五""逢十"庆祝建交周年演出，共同组织文艺团体赴外献演，以文化交流服务国家外交大局。

六、共同推动国际形象推介

成渝地区要加强两地对外宣传统筹协调，讲好成渝地区双城经济圈故事。一是加快建设国际传播平台，即协同挖掘历史文化、三峡文化、长江生态文化等的国际交往价值，加快建设巴蜀文化走廊，共同规划成渝外交外事历史陈列馆，加强重庆国际传播中心等平台建设，合力打造川渝海外传播平台矩阵。二是增强"双城记"外宣合力，即共同加强海外宣传，加快设计成渝地区双城经济圈形象推介语、宣传片和形象 LOGO，在国家外交外事活动中加强"双城经济圈"全球推介；加强与外国驻渝、蓉领馆以及国（境）外驻渝媒体合作，共同策划讲述"成渝地区双城经济圈"故事，增强国际吸引力。

第十九章 将物业管理纳入社区公共安全防控和应急管理体系的意义、存在的问题与建议

　　社区公共安全防控和应急管理体系是全国四级公共安全应急防控体系的重要组成部分，主要包括自然灾害、事故灾难、公共卫生事件、社会安全事件四类内容。在全国针对新冠疫情的防控中，物业配合社区开展防控网格化管理发挥了重要作用，一方面通过与社区联动将党和政府的声音传达到基层老百姓中去，通过暖心服务、创新服务、贴心服务让小区居民感受到社会的温暖；另一方面通过配合实施"一控二测三消毒四登记五劝返"等防控措施，为人民生命健康及时筑起了第一道防线，全国近千万物业人成为社区综合治理的重要力量。但与此同时，也暴露了现有公共安全应急防控体系不足，基层应急管理力量薄弱，物业防控主体法律地位缺失、管理边界模糊、企业运营成本大幅增加等问题。笔者建议，相关部门应在短期内给予物业企业新增公共职能，通过购买服务或税费减免的方式给予资金支持，中长期则要尽快健全包括物业在内的社区公共安全应急防控管理体系，完善物业相关政策法规，明确物业管理边界，推动物业服务标准化，加强政府对物业防疫防控的支持与指导，为优化基层公共应急管理体制、创新基层社会治理模式打下坚实基础。

第一节 将物业管理纳入社区公共安全防控和应急管理体系的意义

一、有利于完善全社会四级应急防控体系

　　《国家突发公共事件总体应急预案》明确要求要建立健全分类管理、

分级负责，条块结合、属地管理为主的应急管理体制，我国已形成"市—区（县）乡（镇、街道）—村（社区）"四级应急防控体系。物业管理作为基层社区网格化综合治理的重要组成部分，加大物业管理与社区网格化管理融合力度，有利于公共防疫防控网扎牢"纵向底线"、结实"横向边线"，织密织细社区管理网格，落实责任主体"最后一公里"；有利于改进社区公共安全和应急体系，优化资源统筹调度机制，提高社会发动能力，提高全社会防疫防控工作指导及时性与决策有效性。

二、有利于提高重大突发公共事件响应能力

重大突发公共事件应急防控坚持预防与应急相结合，常态与非常态相结合，囊括了物资保障、基本生活保障、医疗卫生保障、交通运输保障、治安维护、人员防护、通信保障、公共设施保障等工作内容，需要一支具有庞大规模、覆盖面广、熟悉基层、反应迅速、手段科学的应急处置队伍。物业管理企业具备天然紧贴基层、靠前下沉的优势，将其纳入突发公共事件应急体系之中，有利于培育和锻炼基层应急队伍，提高基层队伍应急知识储备、技术工具储备、政策机制储备，提高标准化、科学化安全防控能力和水平；有利于建立联动协调制度，及时反馈基层发展态势、获取真实信息，对上辅助应急方案措施的制定和完善，对下充分动员、发挥企业和公众力量，维护社会秩序。

三、有利于提升基层社会治理现代化水平

党的十九届四中全会明确提出要"构建基层社会治理新格局"，把"抓基层、打基础"作为长远之计和固本之策，推动我国治理体系和治理能力现代化。加快提升基层社会治理水平，需要统筹基层政府、社区组织、物业企业、党员群众等多元力量共同发力、协调推进。合理强调物业管理服务的公共管理属性，提高物业管理信息化、科技现代化水平，有利于推动基层社会治理方式创新，从过去自上而下的单向管理转向多方良性互动，建设人人有责、人人尽责、人人享有的社会治理共同体，健全完善共建共治共享的社会治理制度；有利于健全基层社会治理运营机制，提高特殊事件、特殊群体服务的针对性，进一步发挥基层在应急处置、恢复与重建、信息发布、预案演练、宣传和培训中的作用。

四、有利于统筹商业物业与住宅物业防控合力

物业管理服务作为应急安全防控的一股重要中坚力量，具有覆盖范围广、参与工作细、商住类型兼容等特点。因此，尽快将物业管理纳入社区应急防控体系，给予资金、物资、人员支持和保障，对支撑物业管理参与和完成后续防疫防灾、应急处理各项任务，确保今后一个时期社会防控体系不松懈、不脱节、不遗漏，主动推进当前防疫重心转向境外输入性防控，构建更加严密的立体化、全天候社会公共防控网络具有重要作用。

第二节　将物业管理纳入社区公共安全防控和应急管理体系存在的问题

一、物业管理防控责任主体法律地位缺失

物业作为应对突发公共事件的基层单元发挥了不可替代的作用，但其主体地位和职责范围与现有政策法规还有一定冲突。一是缺乏系统的顶层设计和制度保障。在相关疫情防控中，物业管理企业承担了大量政府和社区委派的工作和任务，有些地方还明确了物业企业必须履行疫情防控主体责任。但《中华人民共和国传染病防治法·突发公共卫生事件应急条例》等相关规章制度未将物业管理纳入常态化社区统一防控体系，《中华人民共和国民法典》和《中华人民共和国物业管理条例》只对其进行权利义务规范，未对其法律地位做出规定，物业企业在突发公共事件应急处置中往往面临与社区群众、企业事业单位的矛盾和冲突。二是物业管理服务工作边界模糊。《中华人民共和国物业管理条例》明确了物业管理服务和责任边界主要是"三保一修"①，但在相关突发公共事件应急处置中，其服务内容拓展到小区封闭管理、人员车辆管控排查、物资代购代送、公共部位消毒、特殊群体帮扶、政府政策宣讲、防疫培训咨询等范围，承担了一定的城市社会公共管理职能，与政策法规赋予的权责不对等。

---

① 传统的物业管理是指业主通过选聘物业服务企业，由业主和物业服务企业按照物业服务合同约定，对房屋及配套的设施设备和相关场地进行维修、养护、管理，维护物业管理区域内的环境卫生和相关秩序的活动。

二、物业服务企业应急防疫能力不足

由于物业企业并未纳入社区防控体系进行统一培训和能力建设，物业企业应急处置、防灾防疫等专业化能力普遍不足。一是缺少标准化、科学化的物业安全防控预案。比如，重庆市缺少小区物业层面的公共突发应急预案，物业企业的应急预案是物业区划内的服务应急预案；缺少自上而下的应急防控标准规范，物业企业在防控工作程序、防控方式方法上各自为政，增大了从全局把控防控效果的难度。二是缺少现代化的安全防控手段。物业小区信息化、数字化、智慧化建设相对滞后，智能安防监控云平台、业主 App 等信息化建设应用不充分，在物资、人员、车辆等管控和排查方面的手段还比较传统，效率不高。三是物业服务企业人员专业化水平有待提高。物业企业员工缺乏专业规范的指引和应急宣传培训，防控意识和知识储备还不足，从而制约了企业防控能力提升。

三、物业资源物资筹集渠道不畅通

尽管物业企业身处防控第一线，但普遍难以享有稳定有效的资源物资筹集调配渠道，防疫物资严重缺乏。一是缺乏政府物资补助和资金支持。物业管理基于市场民事主体合同开展服务，资源来源于业主物业费，缺乏公共财政等政府资源配给和统一的应急物资调配保障。政府统一调配疫情防控资源时，用于社区物业防疫的物资较少，物业管理防控难度大。二是社会筹集渠道不足。社会各界防护物资捐赠对社区物业"抗疫"的物资短缺重视不够，支援渠道不畅，且物业与防疫急需品生产等领域合作不足。比如，尽管重庆市募捐到 2 台自动测温门和 5 000 个口罩分发到 42 个物业项目，但社区物业口罩、酒精等防疫物资需求缺口仍然较大，特别是疫情高峰时期严重供不应求①，增大了一线防控人员风险，制约了物业企业应急防控作用的发挥。

四、物业企业抗疫防控成本大幅增加

重庆市物业行业是拥有 35 万从业人员的中坚力量，在相关抗疫防控中，物业企业承担了部分公共服务职能，防控成本和企业后续运营压力增

---

① 经测算，重庆市物业防疫日均需求 75% 酒精 6 吨以上，84 消毒液 10 吨以上，一次性医用口罩达 35 万个，大部分物业企业的防护用品只能维持 3～5 天，甚至有些小区已无防护用品可用。

大。一是小区管理公共防控成本大幅上升。重庆市物业小区实行 24 小时值班制度、封闭管理、全天候体温测量、车辆人员登记排查、疫情监测隔离送医、安全维稳等，抗疫防控任务重、人员需求多，且正值春节假期报酬提高，物业服务企业用工成本、办公成本大幅提高，普遍人均工资上浮20%~30%，吃、住、行、水、电、气等办公成本提高 20%~30%。加之物业企业加大了小区及公区环境消毒、垃圾分类、消毒与清运等工作，口罩、手套、消毒水、酒精等防护物资采购投入普遍使企业成本增加45%以上。以环境消毒为例，在相关疫情期间，由原来的一周一次，提升为正常小区每天两次，已发生确诊病例的小区每天三次。二是后续经营压力增大。一方面，物业管理多属中小型、劳动密集型企业，防疫投入使企业全年成本负担增加 10%~20%，导致物业企业后续运行资金压力增大；另一方面，疫情打击商业和写字楼业态，大面积影响商业物业服务费收取，常态化配置防控物资，直接增加了物业的小区管理成本，影响可持续经营能力。

第三节　将物业管理纳入社区公共安全防控和应急管理体系的建议

一、将物业服务纳入社区防控和治理体系

政府部门要加快完善现有政策法规体系，明晰物业服务企业责任边界，重构其在应急管理、社区治理中的定位与价值，推动物业服务企业逐步融入社区防控与治理体系。一是重新认识和构建物业管理价值。物业企业不仅对建筑物进行管理，还承担了一些城市社会公共管理和居民生活服务职能，提供的服务产品具有很强的外部性。因此，我们应充分肯定物业服务企业是"准公共产品"提供者，具有一定的公益属性。二是明确物业管理法律主体地位。政府部门要修订完善重庆的《物业管理条例》，明确在特殊或紧急情况下，物业服务企业可根据政府安排做好住宅区封闭、居民出入管制、小区公共区域征用等紧急处置的权利，业主必须配合和遵守，提升物业管理行业地位，增强社会认可度。三是建立物业企业社会责任评价制度。政府部门要把物业服务企业承担的公共管理职能特别是在重大公共事件中的表现纳入社会责任评价体系，对先进典型予以表扬、加分，纳入诚信记录；对落实不力的企业要通报批评、减分，情节严重的要

曝光、查处，纳入黑名单，强制其退出物业服务行业。四是加强应急防控期间对物业服务企业的物资保障。政府部门要将物业纳入防控物资供应范围进行一体化保障，由政府为物业服务企业提供统一定价的防疫物资采购渠道，纳入直接配送体系，由各区县应急防控指挥部确保防护、消杀等防控物资供应到物业小区服务一线；引导各类慈善机构在保障医院防护物资配给的基础上，能将部分防控物资调拨给物业服务企业用于社区疫情防控。

二、加强物业服务企业的应急防疫能力建设

政府部门要强化应急预案顶层设计，加大物业人员专业培训力度，加快智慧小区建设，推动物业服务数字化、自动化、智能化，提升物业服务企业应急防疫能力。一是加强顶层应急预案设计。政府部门要制定标准化、科学化的安全防控标准，分类完善突发事件风险评估标准规范，建立分级负责和响应防控机制、居民沟通与动员机制、资源配置与征用机制、奖惩机制，形成具有可操作性的应急管理预案体系。二是加大物业人员专业培训力度。政府部门要组织专业人员编制防疫业务指导手册，加强对物业企业在住宅小区传染病防护、环境消毒、垃圾分类与清运、疫情监测等方面的专业知识、专业技能、作业流程的培训，定期开展防疫防控与应急管理演练，提升物业企业防灾防疫专业化能力。三是大力推动智慧小区建设和传统小区智能化改造。政府部门要积极搭建"智慧小区"云平台，建立政府部门、社区、物业企业数据共享联动机制，推动大数据、5G、人工智能和虚拟现实等新技术及智能装备在小区公共区域广泛应用，实现智能分析、智能研判、智能管理，为精准高效防控及日常联动管理打下基础。

三、加快落实对物业服务企业的资金支持政策

政府部门要加快研究制定专项优惠政策，对物业服务企业在疫情防控期间增加的额外支出给予社保优惠、财政补贴、税收减免等政策扶持。一是出台社会保障优惠政策。政府部门要将中小微物业服务企业纳入免征养老、失业及工伤保险范围，时间为5个月（2月至6月），将大型物业服务企业纳入减半征收范围，时间为3个月（2月至4月）；6月底前物业服务企业可缓交住房公积金，不视为逾期。受相关疫情影响，生产经营出现严重困难的物业服务企业，可申请缓缴社会保险费，缓缴期限

不超过 6 个月，缓缴期间免收滞纳金。二是鼓励各区县出台临时补贴政策。参照深圳（0.5 元/平方米·月）、杭州（0.5 元/平方米·月）、合肥（0.2 元/平方米·月）、青岛即墨区（50 元/户·月、40 元/户·月、35 元/户·月、30 元/户·月）疫情防控财政补助标准，在区县地方财政允许的情况下，鼓励有条件的区县政府对物业企业服务的项目按照在管面积每平方米 0.2~0.5 元的标准，或按照固定金额，给予每个项目两个月财政补助，补贴金额最高不超过 10 万元（参照厦门）。三是出台税收减免政策。政府部门要允许物业服务企业在疫情防控期间产生额外支出进行所得税抵扣，缓解企业资金压力，帮助企业渡过难关；进一步细化物业服务产业分类，将住宅物业划为生活服务类产业，享受增值税减免等优惠政策。

四、建立政府购买服务制度和物业服务企业的资金积累长效机制

政府部门要加快构建政府购买服务制度，实施物业费价格动态调整机制，建立欠缴物业费催收机制，提高物业服务费收缴率，确保物业更好地服务居民。一是建立物业参与社会公共应急管理的有偿服务机制。政府部门要针对物业服务企业承担的应对重大公共安全防控和重大自然灾害、治安防控管理、流动人口管理等社会公共管理工作，根据应急响应等级，制定不同的付费标准，通过常规性购买服务方式予以补偿，杜绝简单地把防控成本、公共服务成本转嫁给物业服务企业。二是建立物业费价格联动约束动态调整机制。政府部门要充分考虑物价指数和劳动力成本增长等因素对服务费价格的影响，建立公开、公平、公正的竞价机制，形成质价相符、与社会平均工资联动的物业费动态调整机制。三是提高物业服务费收缴率。政府部门要建立公开透明的物业管理财务公示制度，强化业主共有资金监管，增进业主与物业之间的相互信任，提升业主缴费的积极性；建立业主缴费公示制度，对欠缴物业费的业主，可以采取教育、行政等手段催缴；建立欠缴物业费失信录入通道，对于恶意欠费的业主，将其不良行为纳入个人信用记录，在公共媒介予以公示等；加紧制定相关政策，试点探索小区经营性收入按一定比例留存应对突发公共事件，作为应对自然灾害和公共危机的资金来源。

第二十章 补齐五大短板，提升重庆新型城镇化质量的建议

　　党的十九届五中全会强调，要完善新型城镇化战略，推进以人为核心的新型城镇化。2021 年，中央经济工作会议和重庆市委经济工作会议进一步强调，要"提升新型城镇化建设质量"。提升新型城镇化质量，既是带动乡村振兴、促进城乡融合发展的重要动力，也是扩大内需、畅通国民经济内循环、参与国际经济大循环、稳定经济增长的重要引擎。重庆市应该准确把握"提升新型城镇化建设质量"的内涵，围绕成渝地区双城经济圈建设、"一区两群"协调发展和城乡融合发展要求，加快补齐自身新型城镇化建设短板，持续发力、久久为功，推动新型城镇化建设实现新突破，助力全市高质量发展。

第一节　准确把握提升新型城镇化建设质量的内涵要求

　　新型城镇化的关键是提升质量，质量提升的内涵主要体现在新市民住房保障能力提升、城市基础设施水平提升、城市功能品质提升、农村转移人口就业质量提升、新农村风貌提升等方面。

　　提升新型城镇化建设质量，必须保障城市住房供给和稳定住房市场、拓展城镇居住和发展空间。农民进城、人口流动集聚依然是大趋势，推进新型城镇化战略，必须加快缩小、逐步消除常住人口城镇化率与户籍人口城镇化率差距，推动农村转移劳动力从单体式、候鸟式迁移向家庭式、定居性迁移转变，解决好新市民、青年人住房问题成为新型城镇化进程中必须首要解决的重要民生问题；必须不断织密住房保障网，加快构建以公租

房、保障性租赁住房和共有产权住房为主体的住房保障体系，多措并举稳房价、稳地价、稳预期，促进房地产市场平稳健康发展，保障居民住有所居、居有所安。

提升新型城镇化建设质量，必须补齐大中小城市基础设施短板，提升城镇综合承载能力。伴随新型城镇化的进一步推进，城市、城镇吸纳的人口将大规模增长，为防止出现人口拥挤、交通堵塞、环境污染、资源紧张等一系列"大城市病"①，当地政府必须对交通、排水、污水处理、综合管廊、应急抢险等城市基础设施进行提前部署和建设，不断增强城市容纳能力、承载能力；必须加强对城市市政基础设施普查、统筹建设和综合管理，通过信息化、智慧化改造提高城市基础设施利用效益，多管齐下补短板强弱项，以基础设施领域创新助推新型城镇化建设。

提升新型城镇化建设质量，必须提升城市功能品质、促进转移人口深度融入城镇。新型城镇化推进阶段的城市建设已由大规模增量建设转为存量提质改造和增量结构调整并重，旨在使更多人民群众享有更为安全健康、较高品质的城市生活，生态城市、公园城市、海绵城市、智慧城市、韧性城市、人文城市建设成为当前的建设热点。当地政府必须立足打造绿色、智慧、韧性、人文的面向未来的城市，以城市更新改造为核心，转变城市开发建设方式；努力构建重庆市完整的城市更新行动体系，推动重庆市的城市结构调整优化和品质提升，促进农业转移人口真正融入城市。

提升新型城镇化建设质量，必须展现现代化新农村风貌、促进城乡融合发展。新型城镇化是乡村振兴的助推器，引领带动农村全方位高质量发展，最终实现城乡融合和城乡共同富裕。当地政府必须强化村镇建设，加强制定并监督实施符合实际、操作性强的村镇建设规划，进一步有序推进农村住房安全保障，有效改善农村人居环境，以历史文化名镇、名村和村镇传统风貌区的保护建设管理为核心，进一步推进村镇建设管理，全方位打造美丽乡村，以农村风貌提升助力乡村振兴、助力城乡融合。

提升新型城镇化建设质量，必须吸纳农业转移人口进城务工和就地就近就业。随着新型城镇化进程中大批农村务工群体向城镇转移，足够的城镇就业机会保障，使农业剩余劳动力有了转移的基础。城乡建设领域建

---

① "大城市病"是指在大城市里出现的人口膨胀、交通拥挤、住房困难、环境恶化、资源紧张、物价过高等"症状"。

筑、房地产、物业管理等行业人力资源需求大，岗位覆盖从大城市到中小城市、小城镇，在吸纳农业转移人口、促进就近就地就业中作用明显。当地政府要把提高就业保障作为新型城镇化的突破口，积极发挥相关行业就业"蓄水池"功能，强化农村转移人口人力资本培训，提升农业转移人口融入城市能力。

第二节　重庆新型城镇化建设存在的五个短板

重庆直辖以来尤其是党的十八大以来，重庆市新型城镇化建设取得了一系列重大成效，但调研发现，对标新型城镇化发展要求和人民对美好生活的向往，重庆市新型城镇化高质量发展还存在一定的差距和不足。

一、住房供给结构性矛盾突出，稳定住房市场压力大

随着成渝地区双城经济圈建设和"一区两群"协调发展战略的深入推进，外来人口和高层次人才的加快集聚、农村转移人口向城镇举家定居式迁移，加之生育政策的调整放开，以中心城区为核心区域，重庆市新市民、青年人等群体的住房需求尤其是品质型住房需求快速扩张，解决好新市民、青年人住房问题，努力让新市民、青年人"住得起、住得稳、住得好"，已成为新型城镇化进程中的首要民生任务。然而，重庆市住房租赁市场发展还不够成熟，高品质社区公寓、人才公寓、青年公寓供给相对不足，无法充分满足高层次人才、新市民、年轻租客多元化品质租房需求，这在一定程度上制约了新市民、农业转移人口有序、有效融入城市。

二、基础设施短板依然存在，防止"大城市病"压力大

当前，重庆市常住人口突破 3 000 万人，中心城区人口突破 1 000 万人，超大规模城市人口对基础设施承载力提出了更高要求。然而，重庆市的交通、排水、污水处理、综合管廊等城市基础设施历史欠账多、建设缺口较大。中心城区内环以内 16 座跨江桥梁中有 10 座桥梁在工作高峰处于常态化拥堵状态，大学城隧道、中梁山隧道、真武山隧道高峰期拥堵严重。道路末梢不畅、断头路等现象客观存在，城市雨污分流不彻底，合流制管网存量大（如渝中区、南岸区合流制管网占比分别为 35% 和 19%），新城区雨污错接混接普遍（沙坪坝梁滩河流域有 5 678 个错接混接点）。

三、城市建设质量品质不优，发展方式转型压力大

重庆市建成区特别是中心城区开发强度过高、公共服务设施不足、历史文化资源活化利用不充分，城市品质还不高，生态、美丽、健康、韧性、智慧城市建设及城市治理能力现代化转型压力大。重庆市中心城区老旧小区存量超 1 亿平方米，具有活化利用价值的工业遗存有 52 处，商业办公用房空置量达 542.3 万平方米，推动城市更新、提升城市品质已刻不容缓。同时，重庆市城市更新相关法规体系不健全、行业领军企业和大型金融机构参与意愿不强、财政保障难度大等因素更加剧了其城市更新和品质提升的压力。

四、新农村风貌有待改善，实现城乡融合压力大

大农村的基本市情决定了重庆市在乡村振兴历程中各项任务覆盖广、难度大。当前，重庆市建档立卡相对贫困户等重点对象危房改造已如期实现动态清零目标，但还有数量众多的其他农村危房改造亟须加快推进。同时，在全面推动乡村振兴战略背景下，农村人居环境整治、传统村落保护、美丽庭院建设等要求更高、更为具体，农村风貌改善的技术、资金和人力投入压力不断增大。

五、行业发展质量不高，促进城镇稳定就业压力大

调研数据表明，受外部环境复杂严峻、经济转型等多重因素影响，重庆市城乡建设领域建筑、房地产、物业管理等行业发展增速和就业岗位供给有所降低，且行业发展质量不高，对知识型、技能型、创新型劳动者吸引力不足。加之重庆市农村人口知识结构、技术储备、技能水平与城镇就业市场需求匹配性较低，导致其吸纳农村转移人口就业容量不足和供需结构性失衡并存，促进就地就近就业压力较大。

第三节　着力补齐短板，进一步提升重庆新型城镇化建设质量

当地政府要坚持以人为核心的理念，突出质量这个关键，精准把握住房供应保障、城镇设施完善、城市更新、乡村建设、行业转型升级"五个

着力点",在重点环节和关键领域深耕细作,加快补齐短板,为重庆市新型城镇化发展注入新动力。

一、着力强化住房供应保障,努力实现优居优住

当地政府要深化住房制度改革,完善住房供应与保障体系,保障市民住有所居、居有所安,促进农业转移人口加快融入城市。一是保持房地产市场平稳健康发展。当地政府要坚持"房子是用来住的不是用来炒的"这一定位,加强供需双向调节,优化住房空间布局和供给结构,完善政策联动机制,支持居民家庭合理自住需求,遏制投资投机性需求,支持商品房市场更好满足购房者的合理住房需求,加强新建商品住房备案价格指导工作,保持地价、房价预期基本稳定,促进住房消费健康发展。二是提升住房保障制度覆盖面和精准度。当地政府要加快构建以公租房、保障性租赁住房、共有产权住房为主体的住房保障体系,实行实物保障和货币补贴并举;积极发展"大数据+住房保障",精准加强对住房困难家庭以及农业转移人口、新就业大学生等重点群体的优先保障和应保尽保;大力发展保障性租赁住房,持续推动人才安居工程,建设一批高品质人才公寓;进一步健全住房公积金缴存、使用、管理、运行机制,扩大制度覆盖范围,拓宽资金使用渠道。三是大力培育住房租赁市场。当地政府要充分利用中央财政支持住房租赁市场发展试点机遇,培育发展长租房市场;加快研究完善租赁住房建设、管理、运营、服务等各项政策,逐步推进租购同权;统筹推动"个改租""商改租""工改租",促进公租房和市场化租赁住房相互转化及统筹利用,在轨道站点、产业园区、商业区等区域适度新建补充租赁住房房源,促进职住平衡;全面落实住房租赁备案制度,引导住房租赁市场规范发展。

二、着力补齐城镇设施短板,优化居民生活环境

当地政府要加快补齐城镇基础设施短板,大力推进新型城市基础设施建设,防范和化解"大城市病",全力打造宜居宜业的生产生活环境,提升城市和城镇对产业、人口集聚的承载能力。一是加快城市轨道交通建设。当地政府要提速实施城市轨道"850+"成网计划,积极谋划轨道交通"1 000+";加快完善主城都市区轨道交通体系,积极推动城轨快线向主城新区有序延伸发展,打造轨道上的主城都市区,引领主城都市区"1 小时

通勤圈"建设；超前谋划轨道交通向四川毗邻地区延伸，建设轨道上的重庆都市圈；高质量推动轨道站点 TOD 综合开发，营造便利的居民生活圈。二是加强城市路桥隧道和慢行系统建设。当地政府要实施城市路网体系优化行动，推动城市道路系统从"连线成片"到"基本成网"；加快构建中心城区快速路网体系，提速"一区"同城化快速通道建设，完善"两群"城镇路网；提速建设城市过江桥梁和穿山隧道，打通"断头路"，畅通微循环；完善停车设施、电动汽车充电设施建设，着力解决"停车难""充电难"等民生问题；推进智慧道路建设试点，建立"规建管养"全生命周期闭环管理体系。三是补齐城镇市政设施短板。当地政府要按照常住人口规模和分布，统筹推动污水处理以及管网、地下综合管廊和防灾减灾设施等市政公用设施建设布局；加强排水管网质量监管和源头雨污分流管控，建立重庆市城市雨污水收集处理"厂网一体"管理机制，完善城镇排水与污水处理领域治理能力和治理体系建设。

三、着力推动城市更新，提升城市发展品质

当地政府要对标落实国家"城市更新行动"，扎实推进城市更新，重塑城市功能形态，提升城市发展质量品质，提升城市对高素质人才吸引力和服务水平。一是高标准推进城市体检工作。当地政府要加快全国城市体检样板城市建设，健全城市体检长效机制，搭建城市体检信息平台，增强监测、预警、分析等功能；推动试点工作向中心城区外梯度延伸和向社区、街道下沉，形成全域城市体检格局。二是加快改造老旧小区、棚户区及危旧房。当地政府要以安全健康、设施完善、管理有序为目标，实施存量住房品质提升工程；全面推进城镇老旧小区改造，不断完善使用功能，提升居住品质；持续推进棚户区和危旧房改造，及时有效改善棚户区群众居住条件，确保房屋使用安全；开展完整居住社区设施补短板行动，在改善群众居住条件的同时，因地制宜地对市政配套基础设施、公共服务设施等进行改造和建设。三是推进"两江四岸"治理提升。当地政府要持续实施岸线和十大公共空间治理工程，加快建设"两江四岸"核心区，丰富文旅、体育、休闲等多元功能，强化沿岸及周边防洪排涝设施配套，打造景观秀美、功能完善、安全韧性的国际一流滨江带。四是加快建设山城步道。当地政府要围绕"绿色出行便民道、山水游憩休闲道、乡愁记忆人文道、城市体验风景道"这一目标，统筹强化步道沿线区域景观规划设计、

便民服务设施配套、历史文化资源保护利用等，塑造山城步道特色品牌，让市民畅享城市山水人文之美；积极开展中心城区慢行步道"先行先试"、逐步成网，推动主城新区、渝东北和渝东南等区域根据自然本底、功能定位、历史人文等条件建设一批各具特色的慢行步道。

四、着力深化乡村建设，精心打造美丽乡村

当地政府要推动新型城镇化与乡村振兴有效衔接，扎实稳妥推进乡村发展建设，持续提升村容村貌和服务功能，促进城乡融合发展。一是推进现代宜居农房建设和乡村人居环境整治。当地政府要强化农村危旧房改造，争取各级财政支持，开展农房抗震抗涝改造试点，动态消除农村危房；强化农房建设风貌管控，建设市级示范农房；开展美丽宜居村庄和美丽庭院示范创建活动，引导"三师一家"设计服务下乡，编制村落设计示范方案和农房建设示范图集并推广使用。二是强化传统村落保护。当地政府要编制出台重庆市传统村落保护和发展条例、传统村落整体保护发展规划，持续开展重庆市传统村落调查认定；建立重庆市传统村落保护发展项目库，推进传统村落保护发展典型示范，完善传统村落设施和服务配套，推动更多市级传统村落升格国家级挂牌保护，高品质打造巴渝特色传统村落连片保护利用聚集区，塑造传统村落品牌。三是提升小城镇管理建设质量。当地政府要强化"以镇带村"发展思路，实施"百镇示范建设"工程，重点推动中心城区和大城市周边的小城镇对接城市需求、融入城市规划和发展，打造卫星镇，进一步强化历史文化名镇、特色景观旅游名镇、乡村振兴重点帮扶乡镇等建设。

五、着力推动行业转型升级，促进就地就近就业

当地政府要充分发挥城乡建设领域建筑、房地产、物业管理等行业吸纳就业能力强、岗位覆盖范围广等优势和"蓄水池"功能，以推动行业转型升级为着力点，加快提升行业吸纳农业转移人口就业能力，促进就地就近就业。一是推动建筑业转型。当地政府要积极发展"数字+建造"，扩大建筑工程BIM技术应用范围，打造建筑产业互联网平台，发展智慧工地；实施绿色建造行动，完善绿色建材产品标准和认证评价体系，加大绿色建材推广运用力度，大力发展装配式建筑；全面推进新建建筑绿色化，加强既有建筑绿色化改造，扩大绿色建筑标准执行范围。二是推动房地产业提

质增效。当地政府要不断提升行业综合实力和竞争力，做强房地产企业品牌，清理"僵尸企业"，引导房地产开发企业兼并重组，积极培育房地产开发高资质等级企业；立足居民住房消费需求升级和变化，引导房地产业与其他业态融合发展；推动房地产企业向片区综合开发运营、老旧小区改造、住房租赁、文旅养老等方向拓展。三是推动物业服务业品质化多样化发展。当地政府要支持物业服务企业利用现代科技和服务现场等资源，多样化拓展线上线下服务，大力发展家政、养老等具有针对性、个性化的增值服务；鼓励物业服务企业品牌化、标准化、信息化建设。

参考文献

《供给侧结构性改革研究的基本理论与政策框架》课题组，2017. 推进供给
  侧结构性改革的基本理论与政策框架 ［J］. 宏观经济研究 （3）：3-17.

陈水生，2014. 城市公共服务需求表达机制研究：一个分析框架 ［J］. 复
  旦公共行政评论 （2）：110-128.

陈晓欣，2018. 试论公共服务供给侧改革下的公共生产 ［J］. 福建教育学
  院学报 （4）：36-40.

崔昱晨，杨永森，2016. 农村公共服务供给侧改革的阻碍因素与政策建议
  ［J］. 农村经济与科技 （19）：228-232.

樊平，2015. 以民生精准化应对农村空心化 ［J］. 江苏社会科学 （10）：
  11-20.

高国力，2019. 长三角更高质量一体化发展的新要求及上海的抓手 ［J］.
  科学发展 （10）：59-62.

高海虹，2017. 地方政府公共服务供给侧改革研究 ［J］. 理论探讨 （6）：
  168-173.

高海虹，2018. 公共图书馆服务供给侧改革的价值分析与路径探讨 ［J］.
  图书与情报 （1）：102-109.

高尚全，2016-01-04. 供给侧结构性改革引领新常态 ［N］. 人民日报
  （1）.

高新民，安筱鹏，2010. 现代服务业：特征、趋势和策略 ［M］. 杭州：浙
  江大学出版社.

葛红兵，许昳婷，2016. 上海公共文化服务供给侧改革对策研究 ［J］. 科学
  发展 （12）：90-96.

韩骉，邱玉婷，2017. 供给侧改革视阈下提升公共服务质量研究 ［J］. 淮海

工学院学报（2）：17-21.

何静，2018. 我国农村公共文化服务供给问题研究：基于供给侧改革背景下的思考［J］. 经济研究导刊（15）：29-33.

何军，2007. 解读：公共服务社会化、个性化［J］. 前线（4）：59-60.

康健，2016. 农村公共服务精准化供给侧改革的需求导向研究［J］. 农村经济与科技（19）：233-234.

康健，2016. 农村公共服务精准化供给侧改革的需求导向研究［J］. 农村经济与科技，27（19）：233-234.

雷景创，吴东霞，2013. 珠三角公共服务一体化实践经验对广西北部湾的启示［J］. 广西教育学院学报（2）：33-35.

雷宇，汪秀，2013. 成渝经济区公共服务供给现状研究及提供机制构建［J］. 经济视角下（2）：3.

李洪佳，沈亚平，2017. 公共服务供给侧改革的理论范式及实践路径［J］. 中共天津市委党校学报（2）：68-74.

鲁继通，2015. 京津冀基本公共服务均等化：症结障碍与对策措施［J］. 地方财政研究（9）：6.

罗晓蓉，2018. 供给侧改革背景下基本公共服务供给的理念、制度与机制［J］. 中国商论（2）：169-170.

马玉龙，2018. 供给侧改革背景下政府公共体育服务精准化供给的路径探寻［J］. 河北体育学院学报（5）：63-68.

马云超，2016. 供给侧改革背景下公共图书馆服务转型与建设策略研究［J］. 河南图书馆学刊（9）：6-9.

休斯，2004. 公共管理导论：第三版［M］. 张成福，王学栋，译. 北京：中国人民大学出版社.

汪三贵，刘未，2016. 以精准扶贫实现精准脱贫：中国农村反贫困的新思路［J］. 华南师范大学学报（社会科学版）（5）：110-115.

王茜，麻薇，张许颖，2017. 人口变动趋势下基本公共服务精准配置策略研究［J］. 福建行政学院学报（3）：30-38.

王树华，2019. "六个一体化"：长三角一体化发展的江苏贡献［J］. 群众（20）：2.

王伟进，2020. 长三角一体化：公共服务均等化的维度［J］. 中国经济报告（2）：54-65.

王兴伦，2005. 多中心治理一种新的公共管理理论［J］. 江苏行政学院学
报（1）：95-100.

王玉龙，王佃利，2018. 需求识别、数据治理与精准供给：基本公共服务
供给侧改革之道［J］. 学术论坛（2）：147-155.

文蔚，2014. 社会公平视野中基本公共服务差异化供给研究［D］. 湘潭：
湘潭大学.

夏杰长，徐金海，2017. 以供给侧改革思维推进旅游公共服务体系建设
［J］. 河北学刊（5）：126-131.

严长安，2021. 成渝地区双城经济圈公共服务共建共享路径［J］. 重庆行
政（1）：48-49.

杨和焰，2004. 公共管理视域中的第三部门功能、优势及困境［J］. 公共
管理学报（3）：50-54.

杨慧，2016. 大数据时代公共服务精准化供给研究［J］. 南方论刊（10）：
62-65.

杨宜勇，邢伟，2016. 公共服务体系的供给侧改革研究［J］. 人民论坛·
学术前沿（5）：70-83.

叶继红，2018. 新时代背景下公共服务供给侧改革路径探析［J］. 行政论
坛（3）：56-62.

于迎，唐亚林，2018. 长三角区域公共服务一体化的实践探索与创新模式
建构［J］. 改革（12）：92-102.

张帆，刘雨佳，2017. 公共服务精准化绩效审计问题探讨：基于供给侧结
构性改革视域［J］. 财政监督（8）：84-87.

张鸿雁，2016. "社会精准治理"模式的现代性建构［J］. 探索与争鸣
（1）：12-17.

张紧跟，2018. 治理视阈中的基本公共服务供给侧改革［J］. 探索（2）：
27-37.

张序，劳承玉，2013. 公共服务能力建设：一个研究框架［J］. 理论与改
革（2）：25-29.

张雪晴，2017. 以公共服务供给侧改革为切入点 在"源头"上改善民生
［J］. 改革与开放（1）：22-58.

赵超，金华宝，2017. 从标准化到精准化：大数据时代民族地区的公共服务供给转向 [J]. 重庆理工大学学报（社会科学）（10）：92-98.

郑丽，张勇，2016. 农村公共体育服务供给侧改革协同治理路径研究 [J]. 沈阳体育学院学报（3）：19-24.

朱旭森，2020-06-17. 持续推进双城经济圈公共服务一体化 [N]. 重庆日报（014）.

附录一

四川省人民政府办公厅 重庆市人民政府办公厅
关于印发川渝通办事项清单（第一批）的通知

川办发〔2020〕67号

四川省各市（州）、重庆市各区县（自治县）人民政府，四川省政府和重庆市政府各部门、各直属机构，有关单位：

为贯彻落实《国务院办公厅关于加快推进政务服务"跨省通办"的指导意见》（国办发〔2020〕35号）要求和《四川省人民政府办公厅 重庆市人民政府办公厅关于协同推进成渝地区双城经济圈"放管服"改革合作协议》精神，川渝两省市在全国高频政务服务"跨省通办"事项清单基础上，进一步拓展"跨省通办"范围和深度，梳理形成了川渝通办事项清单（第一批），经两省市政府同意，现印发给你们，请结合实际认真贯彻执行。

一、两省市相关部门（单位）要加快推动第一批川渝通办事项标准化、规范化建设，统一事项受理条件、申请材料、办理流程等要素，编制规范化办事指南，明确线上线下办理方式，实现同一事项在川渝两地无差别受理、同标准办理。

二、两省市相关部门（单位）要加快推动第一批川渝通办事项网上受理、审批、制证等环节全流程网上办理，及时将有关业务系统接入四川省、重庆市一体化政务服务平台及"天府通办""渝快办"移动端，通过成渝地区双城经济圈网上政务服务专区集中对外展示，实现川渝通办事项线上"一地认证、全网通办"。

三、两省市相关政务服务大厅要将涉及本地区的第一批川渝通办事项纳入窗口统一受理办理，明确"全程网办""异地代收代办""多地联办"业务模式。有条件的地方开设"一窗通办"专窗、开辟审批服务"绿色通道"，推动第一批川渝通办事项线下"异地受理、两地可办"。

四、两省市各地各部门（单位）要强化组织领导，加大推进力度，于2020年12月31日前全面实现第一批川渝通办事项线上"全网通办"、线下"异地可办"。要加强宣传引导，用好用活线上线下宣传平台，主动回应公众关切，不断提升川渝通办事项知晓度和参与度。

四川省人民政府办公厅
重庆市人民政府办公厅
2020 年 10 月 30 日

附表　川渝通办事项清单（第一批）

序号	事项名称	牵头实施部门
1	居民身份证换领、补领	四川省公安厅 重庆市公安局
2	电子监控违法处理	四川省公安厅 重庆市公安局
3	交通违法缴纳罚款	四川省公安厅 重庆市公安局
4	补领、换领机动车检验合格标志	四川省公安厅 重庆市公安局
5	机动车检验合格标志核发 〔机动车检验合格标志核发 （六年免检车）〕	四川省公安厅 重庆市公安局
6	道路交通安全违法行为 信息查询	四川省公安厅 重庆市公安局
7	驾驶证记分查询	四川省公安厅 重庆市公安局
8	机动车号牌补发、换发	四川省公安厅 重庆市公安局
9	机动车行驶证补发、换发	四川省公安厅 重庆市公安局
10	普通护照签发	四川省公安厅 重庆市公安局
11	机动车驾驶证核发	四川省公安厅 重庆市公安局
12	机动车驾驶证补证	四川省公安厅 重庆市公安局
13	机动车驾驶证换证	四川省公安厅 重庆市公安局
14	计算机信息网络国际联网备案	四川省公安厅 重庆市公安局
15	校车驾驶资格认定	四川省公安厅 重庆市公安局

序号	事项名称	牵头实施部门
16	开具临时身份证明〔开具户籍证明〕	四川省公安厅 重庆市公安局
17	川渝两地户口迁移	四川省公安厅 重庆市公安局
18	养老机构设立备案	四川省民政厅 重庆市民政局
19	婚姻登记预约服务	四川省民政厅 重庆市民政局
20	学历公证	四川省司法厅 重庆市司法局
21	学位公证	四川省司法厅 重庆市司法局
22	机动车驾驶证公证	四川省司法厅 重庆市司法局
23	应届毕业生法律职业资格认定（享受放宽条件政策的除外）	四川省司法厅 重庆市司法局
24	社会保障卡启用（激活）	四川省人力资源和社会保障厅 重庆市人力资源和社会保障局
25	电子社会保障卡签发	四川省人力资源和社会保障厅 重庆市人力资源和社会保障局
26	社会保障卡挂失与解挂	四川省人力资源和社会保障厅 重庆市人力资源和社会保障局
27	社会保障卡信息变更	四川省人力资源和社会保障厅 重庆市人力资源和社会保障局
28	社会保障卡应用状态查询	四川省人力资源和社会保障厅 重庆市人力资源和社会保障局
29	个人权益记录查询打印服务〔个人社会保险咨询和个人权益记录查询打印服务〕	四川省人力资源和社会保障厅 重庆市人力资源和社会保障局
30	城镇职工基本养老保险关系转移接续申请	四川省人力资源和社会保障厅 重庆市人力资源和社会保障局
31	职业介绍	四川省人力资源和社会保障厅 重庆市人力资源和社会保障局

序号	事项名称	牵头实施部门
32	公共就业服务专项活动	四川省人力资源和社会保障厅 重庆市人力资源和社会保障局
33	暂停养老保险待遇申请	四川省人力资源和社会保障厅 重庆市人力资源和社会保障局
34	恢复养老保险待遇申请	四川省人力资源和社会保障厅 重庆市人力资源和社会保障局
35	失业登记	四川省人力资源和社会保障厅 重庆市人力资源和社会保障局
36	城乡居民基本养老保险关系 转移接续	四川省人力资源和社会保障厅 重庆市人力资源和社会保障局
37	机关事业单位基本养老保险 关系转移接续（含职业年金）	四川省人力资源和社会保障厅 重庆市人力资源和社会保障局
38	机关事业单位基本养老保险与 企业职工基本养老保险互转	四川省人力资源和社会保障厅 重庆市人力资源和社会保障局
39	企业职工基本养老保险与城乡 居民基本养老保险互转	四川省人力资源和社会保障厅 重庆市人力资源和社会保障局
40	退役军人养老保险关系转移接续	四川省人力资源和社会保障厅 重庆市人力资源和社会保障局
41	领取养老金人员待遇资格认证	四川省人力资源和社会保障厅 重庆市人力资源和社会保障局
42	养老保险供养亲属领取待遇 资格认证	四川省人力资源和社会保障厅 重庆市人力资源和社会保障局
43	失业保险金申领	四川省人力资源和社会保障厅 重庆市人力资源和社会保障局
44	就业创业证查询、核验	四川省人力资源和社会保障厅 重庆市人力资源和社会保障局
45	技工院校毕业证书查询、核验	四川省人力资源和社会保障厅 重庆市人力资源和社会保障局
46	技能人员职业资格证书 查询、核验	四川省人力资源和社会保障厅 重庆市人力资源和社会保障局
47	专业技术人员职业资格证书 查询、核验	四川省人力资源和社会保障厅 重庆市人力资源和社会保障局
48	商品房预售、抵押涉及的不动产 预告登记（重庆市、成都市）	四川省自然资源厅 重庆市规划和自然资源局

序号	事项名称	牵头实施部门
49	不动产登记资料查询 （重庆市、成都市）	四川省自然资源厅 重庆市规划和自然资源局
50	不动产抵押登记 （重庆市、成都市）	四川省自然资源厅 重庆市规划和自然资源局
51	排污许可	四川省生态环境厅 重庆市生态环境局
52	川渝签约城市公积金互认互贷 〔住房公积金贷款资格校验〕	四川省住房和城乡建设厅 重庆市住房和城乡建设委员会
53	川渝签约城市联动治理违规 提取使用公积金 〔住房公积金跨区域协查〕	四川省住房和城乡建设厅 重庆市住房和城乡建设委员会
54	出具贷款职工住房公积金缴存 使用证明	四川省住房和城乡建设厅 重庆市住房和城乡建设委员会
55	正常退休提取住房公积金	四川省住房和城乡建设厅 重庆市住房和城乡建设委员会
56	小型非营运二手车交易登记	四川省商务厅 重庆市商务委员会
57	生育服务证办理	四川省卫生健康委员会 重庆市卫生健康委员会
58	义诊活动备案	四川省卫生健康委员会 重庆市卫生健康委员会
59	消毒产品卫生安全评价报告 备案	四川省卫生健康委员会 重庆市卫生健康委员会
60	内资企业及分支机构设立登记	四川省市场监督管理局 重庆市市场监督管理局
61	个人独资企业设立登记	四川省市场监督管理局 重庆市市场监督管理局
62	个人独资企业分支机构 设立登记	四川省市场监督管理局 重庆市市场监督管理局
63	异地电子营业执照单点登录	四川省市场监督管理局 重庆市市场监督管理局
64	合伙企业设立登记 〔内资合伙企业设立登记〕	四川省市场监督管理局 重庆市市场监督管理局

附表（续）

序号	事项名称	牵头实施部门
65	合伙企业分支机构设立登记〔内资合伙企业分支机构设立登记〕	四川省市场监督管理局 重庆市市场监督管理局
66	内资企业及分支机构变更登记	四川省市场监督管理局 重庆市市场监督管理局
67	内资企业及分支机构注销登记	四川省市场监督管理局 重庆市市场监督管理局
68	外资企业及分支机构设立登记	四川省市场监督管理局 重庆市市场监督管理局
69	外资企业及分支机构变更登记	四川省市场监督管理局 重庆市市场监督管理局
70	外资企业及分支机构注销登记	四川省市场监督管理局 重庆市市场监督管理局
71	个体工商户变更登记	四川省市场监督管理局 重庆市市场监督管理局
72	个体工商户注销登记	四川省市场监督管理局 重庆市市场监督管理局
73	农民专业合作社设立登记	四川省市场监督管理局 重庆市市场监督管理局
74	农民专业合作社变更登记	四川省市场监督管理局 重庆市市场监督管理局
75	农民专业合作社注销登记	四川省市场监督管理局 重庆市市场监督管理局
76	营业执照遗失补领、换发	四川省市场监督管理局 重庆市市场监督管理局
77	特种设备检验、检测人员资格认定	四川省市场监督管理局 重庆市市场监督管理局
78	国产保健食品备案	四川省市场监督管理局 重庆市市场监督管理局
79	特种设备检验检测机构核准	四川省市场监督管理局 重庆市市场监督管理局
80	特种设备生产单位许可	四川省市场监督管理局 重庆市市场监督管理局
81	办理跨省异地就医登记备案相关手续	四川省医疗保障局 重庆市医疗保障局

序号	事项名称	牵头实施部门
82	医保电子凭证申领 〔医保电子凭证下载〕	四川省医疗保障局 重庆市医疗保障局
83	航空安全员资格认定	中国民用航空西南地区管理局
84	申请撤销提供邮政普遍服务的 邮政营业场所	四川省邮政管理局 重庆市邮政管理局
85	邮政企业申请停止办理或者 限制办理邮政普遍服务和邮 政特殊服务业务审批	四川省邮政管理局 重庆市邮政管理局
86	快递业务经营许可	四川省邮政管理局 重庆市邮政管理局
87	执业药师注册	四川省药品监督管理局 重庆市药品监督管理局
88	执业药师延续注册	四川省药品监督管理局 重庆市药品监督管理局
89	执业药师变更注册	四川省药品监督管理局 重庆市药品监督管理局
90	执业药师注销注册	四川省药品监督管理局 重庆市药品监督管理局
91	国产药品再注册	四川省药品监督管理局 重庆市药品监督管理局
92	不涉及技术内容的国产药品 变更备案	四川省药品监督管理局 重庆市药品监督管理局
93	审核签发货物原产地证明书	中国国际贸易促进委员会四川省委员会 中国国际贸易促进委员会重庆市委员会
94	审核签发 ATA 单证册	中国国际贸易促进委员会四川省委员会 中国国际贸易促进委员会重庆市委员会
95	出具国际商事证明书	中国国际贸易促进委员会四川省委员会 中国国际贸易促进委员会重庆市委员会

备注：川渝两地事项名称不一致时，"〔 〕"中为重庆市事项名称。

附录二

四川省人民政府办公厅　重庆市人民政府办公厅
关于印发成渝地区双城经济圈便捷生活行动方案的通知

川办发〔2021〕2号

四川省各市（州）、重庆市各区县（自治县）人民政府，四川省政府、重庆市政府各部门、各直属机构，有关单位：

经推动成渝地区双城经济圈建设重庆四川党政联席会议第二次会议审议通过、川渝两省市政府同意，现将《成渝地区双城经济圈便捷生活行动方案》印发给你们，请结合实际认真贯彻落实。

四川省人民政府办公厅
重庆市人民政府办公厅
2021年1月4日

成渝地区双城经济圈便捷生活行动方案

为深入贯彻习近平总书记关于推动成渝地区双城经济圈建设的重要讲话精神，全面落实《成渝地区双城经济圈建设规划纲要》，提高川渝两地人民群众便捷生活水平，制定本行动方案。

一、总体要求

（一）指导思想。

坚持以习近平新时代中国特色社会主义思想为指导，全面贯彻党中央、国务院关于推动成渝地区双城经济圈建设的战略部署，深入落实中共重庆市委五届八次、九次全会和中共四川省委十一届七次、八次全会精神，坚持以人民为中心的发展思想，坚持新发展理念，牢固树立"川渝一盘棋"思维和一体化发展理念，打造区域协作高水平样板，着力深化社会公共服务供给侧结构性改革，推进两地公共服务政策协同，提高两地群众便捷生活水平，有效促进人口流动和生产要素自由流动，建设高品质生活宜居地，切实增强人民群众获得感幸福感安全感。

（二）基本原则。

——坚持结果导向，共享发展。从人民群众最关心最直接最现实的利益问题入手，持续加大民生投入，提高公共服务均等化、普惠化、便利化水平，让广大人民群众共享成渝地区双城经济圈建设成果。

——坚持改革创新，政策协同。深化公共服务重点领域改革，建立完善跨区域公共服务便捷共享的体制机制，强化公共服务政策协同联动，着力构建相互衔接、标准统一的公共服务体系。

——坚持整合资源，优化供给。推动公共服务资源合理配置，统筹公共服务设施布局，不断增强基本公共服务保障能力，持续扩大优质公共服务产品供给，满足多层次多样化的公共服务需求。

——坚持统筹推进，重点突破。推动公共服务各领域统筹协调、相互融合，全面提升公共服务质量和水平。坚持循序渐进，区分轻重缓急，推动重点领域、重点区域率先突破形成示范。

（三）发展目标。

2021年年底前，推动实施以交通通信、户口迁移、就业社保、教育文化、医疗卫生、住房保障等为重点的便捷生活行动，同步建立便捷生活事项清单化管理制度和更新机制，有效满足广大人民群众工作生活需求。力争用2年左右时间，基本建立川渝标准统一、相互衔接的公共服务政策体系，实现优质资源总量不断增加、效能不断提升，便民事项不断拓展，供需对接更加精准，人民群众获得的服务更加高效便捷。

二、实施交通通信便捷行动

（四）推进高铁公交化。推动利用干线铁路开行公交化列车，率先在成渝客专沿线各车站间推行"公交化"票制，开发月票、计次车票等，开通预储值模式的铁路e卡通，实现购票公交化、乘车公交化、服务公交化，满足旅客高频次、不定时通勤需求。（责任单位：中国铁路成都局集团公司、四川省发展改革委、重庆市交通局）

（五）推进公交客运便利化。推动川渝两地全国交通一卡通互联互通改造项目，完成一卡通平台建设、标准二维码改造和地铁场景改造工作，实现公交地铁一卡通。推进川渝毗邻地区跨省城际公交线路开行，规划开行10条以上跨省城际公交线路。（责任单位：两省市交通运输部门）

（六）推进通信一体化。推动两地基础电信企业在套餐设计、资费标准、服务内容等方面加强协同，搭建两地业务服务平台，推进亲情号码两地跨省互设，实现手机异地补卡、异地销户，逐步取消座机通话长途费，满足两地人民群众通信服务需求。（责任单位：两省市通信管理部门，两省市电信运营商）

三、实施户口迁移便捷行动

（七）推进户口迁移便利化。推动两地户籍信息共享、业务协同，全面启动户口迁移迁入地"一站式"办理，实现两地户口迁移"只跑一次"。（责任单位：两省市公安部门）

（八）推进居住证互通互认。推动两地居住证登记信息纳入政务一体化平台，实现居住证信息互通，促进川渝两地人口流动融合。（责任单位：两省市公安部门，有关地方政府）

四、实施就业社保便捷行动

（九）推进人才跨区域流动。推进经营性人力资源服务机构许可备案和从业人员职业资格互认，推进人才公共服务项目、服务流程、服务标准

统一，实现人才跨区域流动就业信息、政策咨询、档案查询、人事代理等业务异地通办。（责任单位：两省市人力资源社会保障部门）

（十）推进养老保险关系无障碍转移。优化两地养老保险关系转移接续办理流程，推动关系转移电子化，实现关系转移网上办，转移办结时间缩短至15个工作日。（责任单位：两省市人力资源社会保障部门）

（十一）推进社会保险协同认证。推动农民工、新业态新经济从业人员和灵活就业人员等不受户籍限制，在两地便捷参加企业职工基本养老保险。协同开展川渝两地退休人员、工伤保险待遇领取人员资格认证，实现工伤认定协查、劳动能力鉴定结果互认。推动异地参保人员缴费年限互认。实现两地失业保险关系无障碍转移接续。（责任单位：两省市人力资源社会保障部门）

（十二）推进社保卡共享应用。推动建立以社保卡为载体的"一卡通"服务管理模式，加强社保卡、电子社保卡跨区域协同、跨地域服务及应用，推动区域内社保卡异地取款、跨行取款不收或少收手续费。（责任单位：两省市人力资源社会保障部门）

五、实施教育文化便捷行动

（十三）保障两地务工人员子女义务教育。以流入地政府为主、以公办学校为主，将外来务工人员子女义务教育纳入城镇发展规划和财政保障范围，将居住证作为入学主要依据，保障随迁子女享受当地居民同等待遇。（责任单位：两省市教育部门）

（十四）促进公共文化服务资源共享。率先在重庆市图书馆、四川省图书馆、成都市公共图书馆实现读者信息馆际互认和图书通借通还，并逐步推广到川渝两地其他公共图书馆，市民凭个人社保卡或身份证在两地公共图书馆享受阅读服务。（责任单位：两省市文化和旅游部门）

六、实施医疗卫生便捷行动

（十五）推进跨省异地就医直接结算。将符合条件的公立和社会办定点医疗机构纳入国家跨省异地就医管理子系统，享受相同的医保政策、管理和服务。进一步扩大跨省普通门诊和药店购药直接结算覆盖范围，持续增加接入定点医药机构数量。探索试点高血压、糖尿病等门诊特殊慢性病跨省异地就医直接结算。（责任单位：两省市医保部门）

（十六）推进医院检查检验结果互认。动态调整两地检查检验互认项月，率先实现两地公立三级甲等综合医院检查检验结果互认，并逐步扩大到公立三级综合医院和公立二级甲等综合医院，避免不必要的重复检查检验，方便两地群众看病就医。（责任单位：两省市卫生健康部门）

七、实施住房保障便捷行动

（十七）推进房地产信息开放共享。建设川渝两地房地产展示平台，实现跨省域房地产项目和房源信息共享。共同优化网签办理流程，提高网签服务效率，为房屋消费提供便捷化服务。（责任单位：两省市住房城乡建设部门）

（十八）强化城镇常住人口公租房保障。协同调整公租房实物和货币保障的范围和准入门槛，共同推动公租房保障范围常住人口全覆盖。公开各地保障政策和保障性租赁住房申请渠道，共享互认信用信息，开展异地网上受理申请，逐步实现"最多跑一次"。（责任单位：两省市住房城乡建设部门）

（十九）推进公积金互认互贷。推动两地公积金转移接续和缴存信息共享互认，确保申请异地贷款职工与所在地职工享有同等权益，实现公积金异地贷款缴存证明无纸化、申请贷款"一地办"。（责任单位：两省市住房城乡建设部门）

八、保障措施

（二十）强化组织保障。两省市有关部门（单位）要高度重视，切实把便捷生活行动作为推动成渝地区双城经济圈建设的重要内容，按照职责分工，细化落实举措，健全工作机制，建立工作台账，明确目标任务和时间节点，加强协作配合、形成工作合力，推动各项行动任务落地落实、取得实效。

（二十一）强化督查考核。推动成渝地区双城经济圈建设联合办公室要加强统筹协调和督促检查，定期调度工作落实情况，重大事项及时向两省市政府报告。两省市有关部门（单位）要加强对便捷生活行动各项任务完成情况的监督检查，开展绩效评估。

（二十二）强化舆论引导。两省市有关部门（单位）要统筹政务服务与政务公开，充分运用各类宣传媒体，及时发布政策信息和工作成效，宣传推广先进经验和做法，提升公众知晓度、参与度。切实畅通公众意见反馈渠道，及时回应社会关切，合理引导民众预期，努力营造良好氛围。

附录三

重庆市人民政府办公厅　四川省人民政府办公厅
关于印发成渝地区双城经济圈便捷生活
行动事项（第二批）的通知

渝府办发〔2022〕3号

重庆市各区县（自治县）、四川省各市（州）人民政府，重庆市政府、四川省政府各部门、各直属机构，有关单位：

　　经推动成渝地区双城经济圈建设重庆四川党政联席会议第四次会议审议通过、川渝两省市政府同意，现将《成渝地区双城经济圈便捷生活行动事项（第二批）》印发给你们，请认真贯彻落实。

重庆市人民政府办公厅

四川省人民政府办公厅

2022年1月20日

成渝地区双城经济圈便捷生活行动事项（第二批）

为深入贯彻习近平总书记关于推动成渝地区双城经济圈建设的重要讲话精神，全面落实《成渝地区双城经济圈建设规划纲要》，努力提高两省市人民群众生活水平，按照《成渝地区双城经济圈便捷生活行动方案》（川办发〔2021〕2号）要求，结合两省市实际，提出2022年底前实施到位的成渝地区双城经济圈便捷生活行动事项（第二批）。

一、交通通信便捷行动事项

（一）推进川渝高铁、动车乘车证件电子化。通过手机端电子身份凭证，实现川渝范围内高铁、动车乘车便捷化，逐步增加和完善旅客应急退票需求登记、失物招领等功能。（责任单位：中国铁路成都局集团公司，两省市公安部门，成都铁路公安局）

（二）推进公交客运便利化。在川渝毗邻地区新增4条跨省城际公交线路，总数达到14条。（责任单位：两省市交通运输部门）

（三）实现临时行驶车号牌互认。允许川渝两省市持有效行政辖区内临时行驶车号牌的机动车跨省市行驶。（责任单位：两省市公安部门）

（四）简化二手车一地交易登记手续。推动小型非营运载客汽车二手车交易登记跨省市一地办理、档案电子化网上转递。（责任单位：两省市公安部门）

（五）取消座机通话长途费。取消两省市间、四川各市（州）间座机通话长途费。（责任单位：两省市通信管理部门，两省市电信运营商）

二、身份认证便捷行动事项

（六）推进就近办理证件证明。在两省市居住的在籍人员可通过线下"异地代收代办"和线上"网办"等方式，就近在居住地申办新生儿入户、首次申领身份证，开具有无犯罪记录、户籍类证明等。（责任单位：两省市公安部门）

（七）推进电子身份证（凭证）互认。推动两省市电子身份证（凭证）互通互认，将其应用场景拓展至旅店住宿、景区购票、网吧上网等方面。（责任单位：两省市公安部门）

三、就业社保便捷行动事项

（八）实现参保证明互查互认。依托"重庆人社"和"四川人社"应用程序开通单位参保证明和个人参保证明查询打印功能，实现参保证明互查互认。（责任单位：两省市人力资源和社会保障部门）

（九）推进社保卡跨区域服务。实现两省市社保卡申领、换领、换发事项全程网办，社保卡异地取款、跨行取款每月前3笔免收手续费。（责任单位：两省市人力资源和社会保障部门）

（十）推进外国高端人才工作许可互认。建立两省市外国高端人才工作许可互认机制，简化审批手续，优化审批流程。（责任单位：两省市科技部门）

（十一）推进"高精尖缺"外籍人才跨区域兼职创业。经工作单位和兼职单位同意，在两省市重点高等院校、科研院所、知名企业工作的外籍"高精尖缺"人才凭相关证件在建制地〔重庆区县级、四川市（州）级〕出入境管理部门备案，即可跨区域兼职创业。（责任单位：两省市公安部门）

（十二）推进对外劳务合作经营资格互认。两省市的企业在注册所在地取得《对外劳务合作经营资格》后，可直接在两省市范围内开展异地对外劳务合作业务。（责任单位：两省市商务部门）

（十三）推进特殊行业跨地区创业就业便利化。在两省市范围内，推动废旧金属回收企业备案、开锁业登记、保安公司设立许可、保安培训单位备案、跨省市保安服务公司设立分公司备案、拍卖业务许可等事项互办互认，提高便利化水平，创造更多创业就业机会。（责任单位：两省市公安部门、商务部门）

四、教育文化便捷行动事项

（十四）推进学籍信息共享。在学生学籍管理和毕业生就业信息等方面实现信息共享。（责任单位：两省市教育部门）

（十五）搭建老年教育和社区教育合作交流平台。共同推进终身教育"互联网+"创新建设，实行终身教育学分银行结果互通互认，打造老年教育、社区教育示范区（市）县和示范基地，鼓励组建老年教育、社区教育联盟，建成一批示范性学习型组织。（责任单位：两省市教育部门）

（十六）推进川渝阅读资源共享。深入推进两省市公共图书馆资源共享，逐步实现县级以上公共图书馆读者信息馆际互认和图书通借通还。（责任单位：两省市文化和旅游部门）

五、医疗健康便捷行动事项

（十七）扩大门诊慢特病费用跨省直接结算范围。进一步简化两省市高血压、糖尿病等门诊慢特病跨省异地就医直接结算程序，拓展门诊慢特病结算范围，将恶性肿瘤放化疗、尿毒症透析、器官移植术后抗排异治疗等慢特病门诊纳入直接结算。（责任单位：两省市医保部门）

（十八）推进医疗检查检验结果互认。将两省市38家三级甲等医院明确为首批互认单位，成立两地医疗检查检验结果互认质量控制专家组，扩大临床检验、医学影像检查互认项目范围，明确质控标准，逐步实现医疗检查检验结果互认。（责任单位：两省市卫生健康部门）

（十九）推进养老服务普惠共享。联合制定养老服务补贴异地结算实施办法，共同实施普惠养老城企联动专项行动，逐步统一养老机构等级划分与评定标准，联合开展养老机构星级评定和养老服务设施质量评价。（责任单位：两省市民政部门）

（二十）推进食品药品信息化追溯管理。联合推进食品、药品等重点产品的溯源公共服务平台建设和互联互通，推动溯源信息稳妥有序向社会开放，为消费者提供移动端、网页版等多种形式的溯源信息查询手段。（责任单位：两省市市场监管部门）

六、住房保障便捷行动事项

（二十一）推进公积金跨区域异地缴存使用。推进两省市缴存职工通过全程网办、代收代办和两地联办等方式，跨区域办理住房公积金缴存、提取、贷款等业务，实现公积金异地贷款缴存证明和贷款全部还清证明无纸化。（责任单位：两省市住房城乡建设部门）

（二十二）统筹推进公租房保障。完善公租房便捷申请渠道，优化"川渝安居·助梦启航"服务平台功能，推动公租房保障对象信用信息共享互认。大力发展保障性租赁住房，统筹加强对创新创业人群和新市民、青年人的住房保障，将常住人口纳入公租房保障范围。（责任单位：两省市住房城乡建设部门）

（二十三）开展灵活就业人员参加住房公积金制度试点。支持两地灵活就业的新市民、青年人等群体参加住房公积金制度试点，帮助该群体通过住房公积金政策性金融"租购并举"解决家庭基本居住问题。（责任单位：两省市住房城乡建设部门）

七、"一卡通"便捷行动事项

（二十四）推进社保卡"一卡一码通"试点。在两省市范围内推动实现社保卡（电子社保卡）"一卡一码通"，通过刷卡（扫码）实现公共图书馆借阅、省级博物馆参观、重点旅游区购票、公共交通工具乘坐等功能，在省级及部分市区政务服务中心实现刷卡（扫码）核验身份、办理事项等。（责任单位：两省市人力资源和社会保障部门、文化和旅游部门、交通运输部门）

（二十五）推进川渝银行卡消费便利化。联合推出"川渝无界""川渝联名"等银行卡权益，为群众提供高铁和动车购票优惠、消费便利等优质服务。（责任单位：人行重庆营管部、人行成都分行，中国银联重庆分公司、中国银联四川分公司）

八、应急救援便捷行动事项

（二十六）推进川渝毗邻地区报警处置一体化。建立健全川渝毗邻地区"群众一次报警、两地一体处置"110接处警协作机制。（责任单位：两省市公安部门）

（二十七）推进医疗应急救援跨界服务。在川南渝西地区开展120跨界救援服务试点，逐步向其他川渝毗邻地区推广，有序扩大川渝毗邻地区医疗应急救援服务范围。（责任单位：两省市卫生健康部门）

后记

    改革开放以来，我国城镇化快速发展，推动大量农业转移人口向都市圈、城市群集聚，也推动了社会结构和经济发展的深刻转型。近年来，随着我国经济由投资驱动为主转向创新驱动为主，城市化发展逻辑由"人口跟着产业和资本走"逐步向"产业和资本跟着人才走"转变，公共资源配置也由按城市行政等级配置向按实际服务管理人口规模配置转变。在一定程度上，公共资源配置以及服务水平和质量成为当下人口流动及集聚的"风向标"，也逐步成为促进区域一体化发展的重要动能。

    成渝地区双城经济圈涉及范围广，不同区域经济发展水平差距较大。公共资源配置不均衡，是影响和制约成渝地区一体化发展的重要原因。因此，推进成渝地区公共服务共建共享是一项长期而复杂的系统工程，其实现路径应分步骤、分阶段地有序推进。川渝毗邻地区是深化川渝合作、推动川渝中部加速崛起的核心载体，受远离各自行政中心、发展阶段和行政层级不同、发展相对落后、财力有限等因素影响，其公共服务资源配置普遍较弱，公共服务供给水平整体不高，公共服务保障力度不一，政策协同和工作协调难度大。当地政府可以通过试点区域率先突破做好示范带动作用，从规划和制度上强化区域统筹协调，推动公共服务资源协同布局；从服务标准和数据标准上加强对接统一，建立公共服务信息共享平台；积极争取上级财政支持，保障各地公共服务投入协同增长；充分发挥重庆直辖体制优势，率先强化重庆毗邻地区公共服务资源配置，增强对川渝毗邻地区的辐射与服务能力。

本书是在重庆市社会科学规划项目（2020YBJJ66、2016YBGL113）研究基础上进一步深化完善形成的。在研究过程中，本书得到了重庆市发展和改革委员会、重庆市社会科学界联合会的大力支持和帮助，在此表示衷心的感谢！

本书在撰写过程中，得到王志军、邱婧、郑秋霞、邹於娟、汪婧、曲燕、孙茂曦、苏凡、江卓、夏梁颖等同志的大力支持和帮助，他们为本书提供了研究思路和建议，付出了大量的心血和努力，在此向他们表示深深的感谢！同时，本书得到了重庆市综合经济研究院易小光院长、丁瑶总经济师的大力指导和帮助，向他们致以崇高的敬意！此外，本书也得到了市内外专家，以及西南财经大学出版社的大力支持和帮助，在此一并表示诚挚的谢意！

由于时间和能力所限，本书难免存在疏漏之处，恳请各位专家读者批评指正。

作者

2023 年 5 月